dans la même collection

Pierre Cassou-Noguès, *Une Histoire de machines, de vampires et de fous*, 2007.
Guillaume le Blanc, *Les Maladies de l'homme normal*, 2007.
Jean-Michel Salanskis, *Territoires du sens*, 2007.
Alexandru Dragomir, *Banalités métaphysiques*, 2008.
Mauro Carbone, *Proust et les idées sensibles*, 2008.
Olivier Schefer, *Variations nocturnes*, 2008.
Alexandru Dragomir, *Cahiers du temps*, 2010.
Christophe Genin, *Kitsch dans l'âme*, 2010.
Roberto Diodato, *Esthétique du virtuel*, 2011.
Mauro Carbone, *La Chair des images : Merleau-Ponty entre peinture et cinéma*, 2011.
Michel Malherbe, *D'un pas de philosophe en montagne*, 2012.
Pietro Montani, *Bioesthétique. Sens commun, technique et art à l'âge de la globalisation*, 2013.
Jean-Philippe Pierron, *Mythopées. Un portrait de la modernité tardive*, 2014.
Marc Berdet, *Chiffonnier de Paris. Walter Benjamin et les fantasmagories*, 2015.
Michael J. Sandel, *Contre la perfection. L'éthique à l'âge du génie génétique*, 2016.
Andrea Pinotti, *L'empathie. Histoire d'une idée de Platon au posthumain*, 2016.
Fritz Heider, *Chose et medium*, 2017.
Emin Boztepe, *Philosophie des arts martiaux modernes*, 2017.
Chantal Jaquet, *Philosophie du kôdô 香道. L'esthétique japonaise des fragrances*, 2018
Laurent Bove, *Pieter Bruegel. Le tableau ou la sphère infinie. Pour une réforme théologico-politique de l'entendement*, 2019.
Eric Trémault, *Structure et sensation. Une critique de la psychologie de la forme*, 2020.
Jean-Baptiste Vuillerod, *Hegel féministe. Les aventures d'Antigone*, 2020.
Roland Breeur, *Au tour de l'imposture*, 2021.
Laurent van Eynde, *Déjà vu. Essai sur le retard de la création au cinéma*, 2022.
Guillaume Durand, *La médecine des désirs. Pour une médecine minimaliste*, 2023.
Hermann Schmitz, *Atmosphères*, 2023.
Fabienne Brugère, *La vraie histoire de l'impressionnisme. Manet, Morizot et les autres*, 2024.
Frank Pierobon, *Oscar Wilde ou l'obsession de la beauté*, 2025.

Le soulèvement du monde
un voyage phénoménologique sur les pas de Nicolas Bouvier

La philosophie est une réflexion pour qui toute matière étrangère est bonne, et nous dirions volontiers pour qui toute bonne matière doit être étrangère.

Georges Canguilhem

Benjamin DELMOTTE

Le soulèvement du monde
un voyage phénoménologique sur les pas de Nicolas Bouvier

VRIN
Matière Étrangère

Directeurs de collection :
Bruce Bégout et Étienne Bimbenet

Imprimé en France
ISSN 1961-8336
ISBN 978-2-7116-3222-0
www.vrin.fr

« le voyageur écrit pour mesurer une distance qu'il ne connaît pas et n'a pas encore franchie »
Nicolas Bouvier, *Le vide et le plein*, p. 112

« Par-dessus le ressac, j'entendais les voix chaudes et précipitées et le grincement des calandres de bois. Le temps était suspendu. Dans ce gracieux agencement d'échos, de reflets, d'ombres colorées et dansantes il y avait une perfection souveraine que je reconnaissais. La lyre d'Orphée ou la flûte de Krishna. Celle qui résonne lorsque le monde apparaît dans sa transparence et sa simplicité originelle. Qui l'entend, même une fois, n'en guérira jamais »
Nicolas Bouvier, *Le poisson-scorpion*, p. 14

introduction
mondialisation et perte du monde

C'est peut-être précisément parce que la « mondialisation » se donne comme une *réalisation* du monde qu'elle contrarie sa possibilité d'*apparaître.*

Un tel paradoxe ne laisse de surprendre. Comment comprendre en effet que le monde, comme tel, cesse d'apparaître au moment même où la globalisation des échanges et des expériences rend réellement perceptible – pour le meilleur comme pour le pire – notre commune appartenance à la planète ?

De fait, nos existences « mondialisées », y compris dans ce qu'elles ont de plus quotidien, semblent bien attester l'unité ou, à tout le moins, la cohérence d'un seul et même monde. Certes, nul ne peut prétendre connaître ce monde en son entier, et la conscience d'habiter sur la même terre n'a certainement pas, tant s'en faut, limité les conflits ni réduit l'exploitation des ressources naturelles. Néanmoins, les interactions de la géopolitique mondiale, la circulation quasi instantanée de l'information, la multiplication des échanges économiques, la globalisation culturelle, l'extension phénoménale du tourisme ainsi que les différents outils informatiques de visualisation de la planète ont favorisé une sorte de perception globale de notre existence terrestre, que la conscience des bouleversements climatiques a rendue encore plus vive. La mondialisation, en ce sens, désigne bien ce processus d'intrication planétaire des phénomènes humains – avec leurs conséquences sur la vie naturelle en général – qui *réalise* l'idée que l'on peut se faire du monde comme ensemble de tout ce qui est.

Comme telle, cette mondialisation devrait donc permettre de lester d'encore plus de certitude l'affirmation du personnage de Sartre dans *La Nausée* : « J'existe – le monde existe – et je sais que le monde existe »[1]. Quoi de plus certain en effet que le monde si celui-ci désigne l'ensemble de ce qui nous entoure? Cette existence est aussi assurée que celle de notre propre personne, et elle l'est peut-être davantage encore à une époque où il est permis de voir, via *Google maps* ou d'autres applications du même genre, la (quasi) intégralité de la surface du globe …

Rien de plus trouble, toutefois, que cette apparente évidence du monde. D'ailleurs, dans le roman de Sartre, à peine la double affirmation posée, Roquentin semble ressentir l'inconsistance de sa double certitude, et de son existence, et de celle du monde : « Mais ça m'est égal. C'est étrange que tout me soit aussi égal : ça m'effraie »[2]. Autant que la possibilité d'un lien entre la certitude du sujet et celle du monde, *La nausée* met donc en lumière la fragilité de la certitude existentielle : celle-ci peut toujours se déliter, se dissoudre dans un sentiment de vanité qui emporte le sujet aussi bien que le monde. Or, en donnant *réalité* à notre perception de l'unité du monde, le processus de mondialisation a sans doute accentué la possibilité d'un pareil délitement, et du sujet, et du monde. La mondialisation a éclipsé l'apparaître du monde, en réalisant, et le sujet, et le monde.

Qu'en est-il de cette réalisation? Comment se manifeste-t-elle? On pourrait dire que le sujet et le monde se pétrifient dans la choséité des choses : le sujet n'est plus qu'une chose

1. Sartre, *La nausée*, Paris, Folio-Gallimard, 2005, p. 175.
2. *Ibid.*

parmi les choses du monde, et le monde lui-même n'est plus qu'une grande chose, ou l'ensemble de toutes les choses. Plus précisément, il apparaît, à l'époque contemporaine, que le monde comme tel s'abîme dans le simple environnement global d'une mondialisation qui « éjecte »[1] le sujet pour ne plus voir en l'homme qu'un utilisateur ou un consommateur. Sujet et monde semblent conjointement se dissoudre dans le plan d'immanence des *data*, lequel n'offre d'autre fonction que celle d'*archimarché* pour l'économie. Connaître l'homme, connaître le monde, agir avec, et surtout *sur* eux, cela passe dorénavant essentiellement par une numérisation et une computation de ces données infinies.

Le réseau mondial d'internet est évidemment une figure majeure de cette mondialisation. À travers nos écrans et nos dispositifs connectés, il nous semble connaître et avoir intégralement prise sur le monde. Il nous semble pouvoir voyager partout en restant immobile, devant nos écrans, car nous obtenons images et informations les plus variées, en même temps que nous fournissons aux sites et applications utilisés toutes sortes de données sur notre propre personne. Le monde de la mondialisation finit ainsi par se confondre avec la totalité des « données » censées le donner, toute la question restant de savoir si ce monde en est véritablement un, ou si le processus de la mondialisation ne doit pas plutôt s'envisager comme son recouvrement et sa négation. La mondialisation pourrait en effet se décrire comme la *réalisation d'une substitution du monde*, qui ne fait peut-être que relayer et accentuer le problème signalé par Husserl dans *La Crise des sciences européennes et la phénoménologie transcendantale*. Le monde est éclipsé, et *se donne* en fait d'autant moins qu'il est confondu avec cette totalité des

1. Sur ce point, *cf.* notre précédent essai, *L'architecture au subjonctif*, Bruxelles, La lettre volée, 2018.

données numériques dont l'origine se trouve dans une certaine activité scientifique.

Par ailleurs, ce que l'on a nommé « mondialisation » semble avoir bouleversé non seulement les systèmes d'échanges internationaux, la géopolitique et l'équilibre écologique, mais encore notre représentation du monde. Sans doute avons-nous en effet vécu une sorte de « rétrécissement » du monde, d'ailleurs souvent réduit à la taille du « village global ». De fait, le monde semble avoir perdu son infinité : ramené à la planète Terre, il n'est plus cette réserve apparemment inépuisable de territoires inconnus qu'il pouvait encore être aux yeux d'un homme du début du siècle dernier. Les vols *low cost* peuvent transporter n'importe qui n'importe où, et les territoires sont de plus en plus balisés pour constituer le terrain de jeu standardisé des touristes, quand bien même certains se rêvent encore en aventuriers. Ce monde, en outre, nous le tenons dorénavant sous nos yeux, dans sa globalité, notamment depuis les voyages spatiaux, tout comme nous pouvons le parcourir intégralement via les images satellites et photographies accumulées par les applications de cartographie du globe, avec une précision parfois déconcertante.

Certes, cette « globalisation » n'est pas tout à fait neuve, dans la mesure où la représentation du monde sous la forme d'un objet que l'homme peut manipuler et embrasser du regard (le globe, terrestre ou céleste) date de l'antiquité. Toutefois, une telle représentation du monde demeure sans doute très différente de ce que permettent les applications informatiques contemporaines. Car le globe terrestre, aussi exact soit-il dans sa représentation, n'est pas tant objet de perception que support pour l'imagination. Quand bien même il renseigne en fixant la disposition géographique des éléments terrestres, il reste cet objet que l'enfant fait tourner entre ses mains en rêvant. Même pour l'adulte, les noms des pays, des reliefs et des océans sont autant des faits géographiques que les indices de l'inconnu : ils appellent l'imaginaire en le débordant. En ce sens, le globe terrestre, quelle que soit sa taille réelle et aussi manipulable soit-il, a toujours les dimensions de la rêverie : même réduit, le monde relève de l'immense et le globe nous subjugue, à l'instar de ceux offerts à Louis XIV par Coronelli et exposés à la Bibliothèque Nationale de France. Car ces globes constituent autant l'état d'une connaissance qu'une invitation à se projeter dans l'inconnu sinon le merveilleux : *hic sunt dracones*.

Il en est tout autrement d'une application comme *Google maps* qui nous permet de changer d'échelle en offrant à notre regard la possibilité du plus grand recul comme de la plus grande proximité. Nous pouvons choisir (presque) n'importe quel point de la planète et nous y projeter, le percevoir et nous y déplacer quasi réellement, comme on le ferait si on y était, en découvrant des lieux qui, d'ailleurs, paraissent parfois étonnamment similaires à ceux que nous connaissons. Dans une telle approche, le monde n'est plus tant ce que nous explorons et découvrons que ce dont nous récupérons l'image toute faite. En d'autres termes, il n'est plus ce qui surprend et anime l'imaginaire, mais ce qui s'intègre dans une anticipation perceptive de la réalité rendue possible aussi bien par le développement technologique que les processus d'homogénéisation et de régulation.

l'apparaître du monde

Outre notre représentation du monde, la mondialisation bouleverse jusqu'aux caractéristiques les plus essentielles de notre *appartenance au monde*. Le problème est en effet le suivant : comment la mondialisation peut-elle « faire monde » si elle interdit toute extériorité, notamment en ne connaissant que le plan d'immanence des données ?

Si cette question se pose, c'est parce que le concept de monde est nécessairement traversé par une tension entre intériorité et extériorité. Pour que le monde puisse *apparaître* au sujet, il faut en effet que ce dernier, d'une manière ou d'une autre, ait moyen d'échapper à ce à quoi il appartient pourtant nécessairement : il doit pouvoir se tenir *comme* « à distance » du monde, pour le considérer *comme* de « l'extérieur ». Or, la mondialisation, en ramenant la compréhension du monde à la réalisation des liens d'interdépendance entre tout ce qui est, interdit pareille échappée. Le sujet n'est plus qu'un « étant » parmi d'autres, qui s'inscrit nécessairement *dans* le monde, comme l'eau dans le verre ou le cintre dans l'armoire. Autrement dit, si la mondialisation semble donner le monde et nous le donner à voir (*via* les applications cartographiques), elle nous empêche en même temps de le voir *apparaître*. C'est que la « distance » ou le « recul » nécessaires à une telle apparition n'ont rien à voir avec la distance du satellite par rapport à la surface terrestre : ils renvoient à la possibilité d'être *au* monde qui caractérise l'homme. Les satellites peuvent certes donner à voir la planète Terre, ils ne font pas apparaître le monde pour autant, car une telle apparition suppose une ouverture au monde qui a toute l'ambiguïté d'un dedans/dehors et qui caractérise essentiellement l'homme.

Comment l'apparition du monde est-elle en effet possible si l'homme n'est envisagé que comme un ensemble de données parmi d'autres ? Et comment l'homme pourrait-il voir apparaître le monde si une telle vue se ramène à des données identiques à celles qui le constituent lui-même ? Le problème de l'appartenance de l'homme au monde – problème que l'on peut dire « vieux comme le monde » –, loin d'être résolu par la mondialisation et les technologies contemporaines, nécessite donc plus que jamais d'être reposé. Une chose est certaine en tout cas : ce n'est ni dans la chosification du point de vue humain, ni dans la substitution du monde que cette appartenance de l'homme au monde trouvera sa pleine signification.

En quels termes ces questions de l'appartenance et de l'apparaître du monde doivent-elles alors être ré-envisagées? On l'aura peut-être deviné à la lecture de ce qui précède, c'est une compréhension phénoménologique du problème qui nous semble ici, méthodologiquement parlant, nécessaire. Car c'est bel et bien la perspective philosophique ouverte par Husserl qui a conjointement thématisé ces problèmes de l'appartenance au monde et de son apparition à un sujet, et il n'est peut-être pas inutile, dans cette introduction, d'en rappeler quelques aspects principaux, avant de chercher à voir comment renouveler le questionnement.

Pour comprendre le problème que pose le monde à une phénoménologie, il ne s'agit que de partir de la compréhension la plus ordinaire qu'on peut en avoir. Dans une première approche, le monde se présente en effet à nous comme une sorte d'extrapolation de l'entourage immédiat[1] et « monde » est le nom de cette totalité des choses que l'on peut concevoir et en partie imaginer. Le monde est donc originairement pour nous un monde ambiant, et comme tel, nécessairement lié au sujet :

> Les concepts d'« ego » et de « monde environnant » sont inséparablement en relation l'un avec l'autre (...) Le monde environnant est le monde que la personne, au sein de ses actes, perçoit, dont elle se souvient, qu'elle saisit par la pensée, qu'elle présume ou qu'elle infère à partir de ceci ou de cela, le monde dont cet ego est conscient, qui est là pour lui, à l'égard duquel il se comporte de telle

1. Cette première définition du monde repose sur la perception et l'usage du monde ambiant : « le monde désigne de prime abord la somme de l'étant accessible, que ce soit pour l'animal ou pour l'homme, en mesure variable selon le périmètre et selon la profondeur de pénétration », Heidegger, *Les concepts fondamentaux de la métaphysique. Monde - Finitude - Solitude*, trad. fr. D. Panis, Paris, Gallimard, 1992, p. 288-289.

> ou telle manière, par exemple par l'expérience et la théorisation thématique se rapportant aux choses qui lui apparaissent ou bien par l'affect, par l'évaluation, l'action, le façonnement technique, etc. [1].

Le monde se donne à partir de l'assurance de sa centration subjective, depuis laquelle la totalité de ce qui est se laisse envisager, pour la pensée ou l'agir, d'une façon plus ou moins claire, par-delà le monde ambiant immédiatement propre. Chacun a appris à se représenter cette totalité, d'abord sous la forme du globe terrestre (le monde s'identifie alors à la Terre), lui-même inclus dans un espace considéré comme infini et où il n'occupe qu'une position bien relative, au milieu d'autres astres (le monde est alors univers). Une telle représentation pose toutefois déjà une difficulté : comment le « tout » du monde peut-il être infini ? Il semble bien qu'il faille penser le « tout » autrement que sous sa forme évidente d'ensemble fini. La totalité du monde doit être expansive, capable d'accueillir ce qui ne se montre pas encore, et même ce qui n'existe pas encore. En tant que tout, le monde doit pouvoir « contenir » « tout l'avenir du monde », il doit pouvoir « contenir » ce qu'il ne « contient » pas encore.

Ce « simple » problème de contenance devient plus aigu encore dès lors que l'on s'intéresse à la relation qui existe entre le monde et l'un de ses « contenus », à savoir l'homme, en tant qu'il est celui à qui le monde apparaît. Comme nous l'avons déjà vu, la représentation du monde implique une extériorité qui semble interdite à celui qui lui est nécessairement intérieur.

> Telle est la situation fondamentale, extrêmement difficile à penser, à laquelle se confronte quiconque tente de penser le concept phénoménologique de monde : le monde est cela qui contient tout, y

1. Husserl, *Idées directrices pour une phénoménologie et une philosophie phénoménologique pures, Livre second, Recherches phénoménologiques pour la constitution*, trad. fr. É. Escoubas, Paris, Puf, 2004, p. 261.

> compris le sujet de son propre apparaître. Il est donc ce qui s'apparaît par la médiation d'une partie de lui-même, ce qui apparaît lui-même en lui-même, bref ce qui produit son apparaître en donnant lieu au destinataire de cet apparaître[1].

Le problème de l'appartenance au monde recoupe celui de son apparition car il implique une sorte de double exigence, comme si l'homme, pour être celui à qui le monde apparaît, devait et donc pouvait lui être à la fois intérieur et extérieur. Ce problème est essentiel à la phénoménologie, en tant qu'elle s'institue comme interrogation sur l'apparaître, et ce, depuis son origine husserlienne :

> Comment une partie intégrante du monde, la subjectivité humaine qu'il contient, peut-elle constituer le monde entier, j'entends le constituer comme sa formation intentionnelle ?[2]

Le transcendantalisme phénoménologique met remarquablement en lumière le problème de l'appartenance de l'homme au monde : comment la conscience incarnée peut-elle constituer un monde qui semble pourtant la précéder, ne serait-ce que comme condition de possibilité de cette existence incarnée ? Comment le tout[3] du monde pourrait-il, sans contradiction, être constitué par une de ses parties ?

Cette tension entre intériorité et extériorité se retrouve dans la phénoménologie de Heidegger. Pour ce dernier, l'homme

1. R. Barbaras, « L'événement du monde », dans *Faire monde. Essais phénoménologiques*, M. Foessel, J.-Cl. Gens et P. Rodrigo (dir.), Paris, Mimesis, 2011, p. 99.

2. Husserl, *La crise des sciences européennes et la phénoménologie transcendantale*, trad. fr. G. Granel, Paris, Tel-Gallimard, 2012, p. 204.

3. Husserl reprend la définition du monde comme totalité : « le monde est le tout des choses, des choses réparties dans la forme mondaine qu'est la spatio-temporalité, "à leur place" dans un sens double (à leur place dans l'espace, à leur place dans le temps), bref le tout des "onta" spatio-temporels » (*La crise des sciences européennes et la phénoménologie transcendantale*, *op. cit.*, p. 161).

« ne vaut pas seulement comme fragment du monde, survenant en son sein, contribuant à le constituer; l'homme se tient aussi vis-à-vis du monde[1] ». Par-delà donc le problème de la constitution du monde – propre à certains aspects de la phénoménologie husserlienne –, Heidegger met en lumière une tension fondamentale dans ce que l'on pourrait appeler les « structures » de l'être-au-monde. Le monde semble en effet pouvoir se donner soit comme environnement, soit comme vis-à-vis. Dans un cas, l'homme est intérieur, et sans doute même centre du monde; dans l'autre, il semble lui être extérieur. Comment cette double structure est-elle possible, et quel sens peut-on donner à cette apparente extériorité de l'homme par rapport au monde?

La phénoménologie s'est confrontée à ces difficultés de plusieurs manières, non sans tensions internes, en suivant notamment trois grandes directions : la construction du concept d'horizon, l'analyse de la disposition affective, ou encore en cherchant, en deçà du sujet, une sorte de relativisation de cette étrange « extériorisation » possible de l'homme vis-à-vis du monde.

l'horizon

Le concept d'horizon, tout d'abord, offre un outil remarquable à la phénoménologie, lui permettant de penser un véritable phénomène du monde, malgré l'impossibilité d'une donation effective de toutes les choses du monde. Ce concept naît du travail de distinction entre le mode d'apparaître des objets et le mode d'apparaître du monde comme tel :

> Mais il y a une différence fondamentale entre la manière dont nous avons conscience du monde et celle dont nous avons conscience d'une chose, d'un objet (...), cependant que d'un autre côté l'un et l'autre mode de conscience forment une unité inséparable. Les choses, les

1. Heidegger, *Les concepts fondamentaux de la métaphysique, op. cit.*, p. 266.

> objets (...) sont « donnés » en tant que valant pour nous chaque fois (quel que soit le mode de la certitude d'être), mais ils ne sont donnés par principe que de telle sorte, que nous en ayons conscience comme de choses, ou d'objets, *dans l'horizon du monde*. Chacun est quelque chose, quelque chose *du* monde, de ce monde dont nous avons toujours conscience comme horizon. D'un autre côté cet horizon nous n'en avons conscience que comme d'un horizon pour des objets qui sont, et il ne peut pas être actuel sans une conscience spéciale d'objet[1].

Le concept d'horizon de monde marque en quelque sorte le débord phénoménologique de la conscience d'objet. À travers lui, le monde peut se voir reconnaître un statut phénoménologique en tant que condition de l'apparaître même des objets, mais aussi en tant qu'il se donne à travers ces mêmes objets. Simplement, comme le formule Patočka, le « tout » ne se donne pas comme « une intention qui puisse être remplie »[2] : il « est *toujours pareillement intégral*, seul change son rapport à ce qui se place devant lui comme devant une toile de fond. L'horizon est toile de fond par rapport à un premier plan »[3].

Aussi remarquable et pertinent soit-il d'un point de vue phénoménologique, ce concept n'est pas exempt de difficultés. D'abord, le terme peine à se concevoir indépendamment de sa référence optique : l'horizon, à ce titre, marque une certaine *distance* du monde. Il est ce qui s'indique toujours *au loin*, ce dont on n'approche jamais. L'horizon, c'est en outre le lieu d'une certaine confusion : l'horizon est le lointain qui assimile tous les objets, le « lieu » de la confusion de la terre et du ciel eux-mêmes dans ce que l'on nomme la « ligne d'horizon ».

1. Husserl, *La crise des sciences européennes et la phénoménologie transcendantale*, *op. cit.*, p. 162.

2. J. Patočka, *Le monde naturel et le mouvement de l'existence humaine*, Dordrecht, Kluwer Academic Publishers, 1988, p. 28.

3. *Ibid.*

Ces caractéristiques de l'horizon « optique » se retrouvent en partie dans sa conceptualisation phénoménologique. Le monde n'est en quelque sorte que l'*a*-perçu de toute perception d'objet, un arrière-plan distant qui semble reculer à mesure que l'on cherche à l'approcher. Toutefois, en même temps que l'horizon thématise ce rapport de distance vis-à-vis du monde (et marque donc une certaine extériorité de l'homme), il semble en partie le contredire dans la mesure où il est aussi rayonnement :

> L'horizon enserre toutes les singularités d'un paysage donné, disposé perspectivement autour d'un centre. L'horizon en délimite la partie visuelle, mais la dépasse et forme un cercle plein. Le déplacement du centre entraîne une modification des objets ; ceux qui étaient à la périphérie peuvent se rapprocher du centre, mais l'horizon comme tel est toujours là[1].

En même temps qu'il est distance, l'horizon de monde apparaît comme un entourage, un rayonnement, qui demeure malgré la variation des points de vue et des objets d'attention. Toutefois, *à la limite*, l'horizon peut voir son sens modifié par cette variation. Sa structure « apparitionnelle » peut ainsi être remise en cause, dès lors que l'homme s'apparaît à lui-même – au moins pour partie – en entrant dans son propre champ perceptif. Si, au lieu de porter mon regard au loin, je le tourne vers le sol, une partie de mon corps constituera le centre de ma perception, à l'arrière-plan duquel un horizon de monde continue à s'indiquer, notamment en bordure de mon champ de vision. Mais cet horizon de monde n'a alors sans doute plus le même sens que lorsque mon regard portait au loin. Car l'horizon de monde devient alors autant mon vis-à-vis que mon entourage … La tension entre intériorité et extériorité que nous signalions plus haut se retrouve donc ici, au moins en partie.

1. J. Patočka, *Papiers phénoménologiques*, trad. fr. E. Abrams, Grenoble, Jérôme Millon, 1995, p. 63.

la disposition affective

L'analyse de la disposition affective offre une autre piste remarquable à la compréhension phénoménologique de l'être-au-monde. Pour Heidegger, l'affection révèle l'ambivalence fondamentale de l'être-au-monde, lequel ne peut se ramener à un simple être *dans* le monde, au sens où on l'entend le plus souvent :

> Que veut dire *être-au*? Complétant tout de suite l'expression nous aboutissons à être-au « monde » et sommes enclins à entendre cet être-au comme « être dans ... ». Sous ce nom est désigné le genre d'être d'un étant qui est « dans » un autre comme l'eau « dans » le verre, le vêtement « dans » l'armoire[1].

Le monde ne saurait s'envisager comme une sorte de contenant spatial préalable, où l'homme prendrait sa place, mais doit, pour Heidegger, s'entendre comme *séjour*, qui se révèle notamment dans l'ambivalence de la tonalité affective, en tant qu'elle caractérise autant le monde que celui qui la vit. « Se sentir » comme ceci ou comme cela, c'est en même temps ouvrir un horizon de monde et le faire apparaître comme ceci ou cela. L'affection problématise la distinction intérieur/extérieur en donnant au monde « extérieur » – ou en prenant de ce monde « extérieur » – la couleur « intérieure » qui caractérise celui que Heidegger nomme *Dasein*. Cette heuristique de l'affection trouve son point culminant dans l'angoisse en tant qu'affection « fondamentale » : car c'est sans doute en découvrant un monde « angoissant » que le Dasein angoissé découvre le monde comme tel, et non seulement une coloration possible du monde :

> *le devant-quoi de l'angoisse est le monde en tant que tel.* La non-significativité complète qui se déclare dans le rien et nulle part ne signifie pas absence de monde, elle exprime, au contraire, que

1. Heidegger, *Être et temps*, trad. fr. F. Vezin, Paris, Gallimard, 1986, p. 87.

> l'étant intérieur au monde est en lui-même si complètement dénué d'importance que, en raison de cette *non-significativité* de ce qui est intérieur au monde, c'est encore le monde et lui seul qui s'impose dans sa mondéité[1].

L'angoisse déprend l'étant de toute signification, pragmatique ou valorielle, et le met ainsi comme hors de portée : cette affection a ainsi pour particularité de donner véritablement le monde dans la mesure où il s'arrache alors à la simple ambiance pour se poser en vis-à-vis. Le monde n'est plus le simple « entourage affectif » dans lequel baigne le Dasein, et il peut véritablement *apparaître* parce qu'il bascule de la structure d'entourage à celle de vis-à-vis.

Là encore, toutefois, l'analyse ne va pas sans difficultés : le phénomène du monde est-il l'apanage de l'angoisse et le monde ne peut-il apparaître que lorsqu'il se donne comme néant ? En outre, si l'être-au-monde caractérise fondamentalement l'homme, comment comprendre que « l'être-dans-le-monde du Dasein comme être-chez-soi »[2] doive « se penser selon la modalité existentiale du non-être-chez-soi »[3] ?

en deçà du sujet

Une troisième perspective, on l'a dit, peut être envisagée dans l'intelligence de cette phénoménalisation du monde : elle consiste à minorer la distance et la séparation qu'implique tout « apparaître *à* », pour souligner une appartenance plus fondamentale de l'homme au monde, que l'on pourrait qualifier d'infra-subjective. C'est ce qui se joue dans une phénoménologie de la vie comme celle de Jan Patočka, pour lequel le « monde de

1. Heidegger, *Être et temps*, *op. cit.*, p. 236.

2. J. Cohen, « Le lieu du monde », dans *Faire monde. Essais phénoménologiques*, M. Foessel, J.-Cl. Gens et P. Rodrigo (dir.), *op. cit.*, p. 68.

3. *Ibid.*

la vie » est « un monde subjectif, mais qui n'a pas conscience de sa subjectivité »[1]. Fondamentalement caractérisée par le mouvement, cette vie culmine dans un mouvement qui déborde la visée fondée sur la dualité du sujet et de l'objet, en suivant une ouverture à l'être dans laquelle la vie « s'intègre aux noces du ciel et de la terre »[2] et « devient la fête de leur présence explicite et de leur rencontre »[3].

Mais si ce « monde de la vie » permet une réponse fondamentale à la question de l'appartenance de l'homme au monde, ne remet-il pas en question la possibilité de l'*apparaître* du monde ? Remarquons en effet que lorsque Patočka décrit cette heureuse appartenance de l'homme au monde de la vie, il le fait en reprenant un schéma qui appartient à la structure d'horizon. Ces « noces du ciel et de la terre » évoquent leur confusion dans la ligne d'horizon, de sorte qu'une certaine distance de l'homme, sinon une extériorité, semble ici insister malgré l'affirmation de cette appartenance au monde de la vie conçue comme immersion. Patočka affirme en effet que :

> Le monde n'est pas somme, mais totalité préalable. On ne peut pas en sortir, s'élever au-dessus de lui. Le monde est, par tout son être, *milieu*, à la différence de ce dont il est le milieu[4].

La métaphore des « noces » du ciel et de la terre, en tant qu'elle renvoie à la structure d'horizon, peut s'entendre comme l'indice de la difficulté qu'il y a à penser pareille immersion. Si l'on refuse à l'homme une véritable extériorité par rapport au monde, il

1. J. Patočka, *Le monde naturel et le mouvement de l'existence humaine*, *op. cit.*, p. 230.

2. *Ibid.*, p. 119.

3. *Ibid.*

4. J. Patočka, *Papiers phénoménologiques*, *op. cit.*, p. 114.

faut, à tout le moins, lui réserver la possibilité d'une distance ou d'une séparation *dans l'appartenance* au monde[1] :

> Le sujet ne peut faire paraître que parce qu'il est du monde, mais il faut ajouter que c'est parce qu'il est également séparé du monde qu'il le fait paraître : cette séparation est la condition du désir et l'apparition du monde n'est rien d'autre que l'envers d'une tentative manquée de réconciliation[2].

Cette immersion au sein du monde de la vie est d'autant plus problématique qu'elle semble caractériser aussi bien l'origine du sujet que sa fin. Car si quelque chose comme une « réconciliation » du sujet et du monde advenait, par-delà la séparation, il en serait fini du sujet. Comment donc comprendre ce lien entre donation du monde et mort du sujet ?

Cette tension entre origine et fin dans le rapport du sujet et du monde se retrouve, à un autre niveau, dans la pensée husserlienne du « monde de la vie ». Celui-ci apparaît en effet, de manière assez ambivalente, comme ce que la connaissance dépasse mais aussi ce qui la fonde : pour reprendre une formule d'Emmanuel Housset, nous dirons que ce monde de la vie apparaît à la fois comme « sol » et « horizon » de la vie de la conscience[3].

Au-delà encore de cette compréhension du monde comme « monde de la vie », on peut se demander si le monde est le « préalable »[4] du sujet ou le « pas-encore » de sa représentation.

1. C'est là l'enjeu du concept de mouvement : « dans le cadre d'une phénoménologie de l'appartenance, qui exclut toute extériorité au monde, on comprend que la seule manière pour le sujet de se distinguer du monde tout en lui appartenant résolument, c'est de se mouvoir », R. Barbaras, *L'appartenance. Vers une cosmologie phénoménologique*, Leuven, Peeters, 2019.

2. R. Barbaras, *Le désir et le monde*, Paris, Hermann, 2016, p. 131.

3. E. Housset, *Husserl et l'énigme du monde*, Paris, Point-Seuil, 2000, p. 233-244.

4. Nous reprenons le terme de Patočka (« Le monde n'est pas somme, mais totalité préalable », dans *Papiers phénoménologiques*, *op. cit.*, p. 114).

Cette tension se retrouve dans le concept d'horizon de monde. En tant qu'arrière-plan de la perception d'objet, il est certes ce qui précède tout acte perceptif du sujet ; mais en tant qu'il ne donne le monde « que » comme horizon, ne se caractérise-t-il pas plutôt comme un « pas-encore » ? S'il est vrai que les « horizons sont toujours des modes faibles, impropres, de donation »[1], c'est notamment en fonction de leur incomplétude. Or, la difficulté peut s'envisager de la manière suivante : le monde est certes *donné intégralement comme horizon*, sans complément possible donc, mais le paradoxe veut que cet horizon puisse en même temps être *comme* complété dans la mesure où il est lié à notre perception d'objet et à la variété de nos points de vue. *De fait*, l'horizon d'un paysage se « complète » (bien qu'il soit donné intégralement *comme horizon*) lorsque je tourne sur moi-même : la ligne d'horizon se complète, et peut aller jusqu'à transformer le lointain en circonférence d'un monde ambiant si j'effectue un tour complet sur moi-même. De ce point de vue, *en tant qu'il est lié à la perception d'objet et à la relativité de notre point de vue*, l'horizon implique une double tension : il oscille bien entre « préalable » et « pas-encore », mais aussi entre vis-à-vis lointain et possible environnement.

(re)découvrir le monde : un voyage

À l'heure de la substitution du monde que réalise la mondialisation, comment donc la phénoménologie pourra-t-elle décrire l'apparaître du monde comme tel ? Il s'agit aujourd'hui pour nous de retrouver le monde, de revivre l'éclat de son apparaître, afin de ne pas nous en laisser imposer par le pseudo-monde de la mondialisation. Et s'il y a bel et bien difficulté à faire apparaître le monde quand tout est fait pour nous

1. J. Patočka, *Papiers phénoménologiques*, *op. cit.*, p. 216.

immerger dans la mondialisation, il nous faut retrouver une forme d'extériorité, réaliser une percée, une échappée, et ce, dans un *recul* philosophique dont la forme est nécessairement phénoménologique.

La phénoménologie est ici convoquée non seulement parce qu'elle a pour objet l'apparaître, mais encore parce qu'elle est ce mode de pensée marqué par l'*épochè*. On pourrait dire que la phénoménologie seule peut nous ramener au monde, dans la mesure où elle est ce qui nous en arrache. Il nous faut en effet échapper, dans le recul phénoménologique, à cette figure du « monde naturel » qu'est aujourd'hui l'environnement de la mondialisation, pour retrouver l'éclat de l'apparaître du monde.

Reste évidemment à préciser la direction que doit ici prendre cette échappée phénoménologique. Nous voulons concevoir les pages qui suivent comme un *voyage phénoménologique* : non seulement un voyage *en phénoménologie*, qui puisera dans son corpus les philosophèmes que l'on jugera éclairants, mais encore une *phénoménologie du voyage*.

Pourquoi entreprendre une telle réflexion, et en quoi peut-elle éclairer notre problème ? Le voyage nous paraît ici essentiel, d'abord comme thème pour la phénoménologie que nous envisageons. Le voyage peut en effet se définir très généralement comme une découverte du monde. En voyage, il arrive que le monde redevienne étonnant pour nous ; son apparence et ses structures sortent alors de l'ordinaire (de l'ordinaire du monde ambiant qui est le nôtre), de sorte qu'il nous semble redécouvrir le monde. Si donc l'on cherche à retrouver l'éclat de son apparaître, il nous faut procéder à une telle phénoménologie du voyage.

Mais dans cette phénoménologie, le voyage ne se donne pas comme un simple thème et constitue également une méthode, un chemin. Car, si le voyage peut renouveler notre rapport au monde, il peut également renouveler la phénoménologie, en l'amenant, comme il est d'usage en voyage, à se confronter à une forme d'altérité. Cette confrontation passera par la rencontre de l'écriture philosophique avec un autre mode d'écriture, celui du récit de voyage. Le *voyage phénoménologique* que nous envisageons implique cette extériorité, ce « dépaysement » littéraire à titre méthodologique : la phénoménologie doit effectuer ce ressourcement dans l'altérité, faire ce « pas de côté » dans l'écriture et revivifier son pouvoir descriptif en puisant dans la description littéraire de quoi l'aider à n'être rien d'autre qu'elle-même, savoir : une échappée de la conscience incarnée.

Nous écrivons ces lignes d'introduction au moment où le voyage a été effectué, après, donc, que le texte en a été écrit. Aussi pouvons-nous d'emblée en indiquer le cours à venir : après ce que nous avons appelé un *faux départ*, notre voyage suivra différentes étapes, alternant *nouveaux départs* et *nouveaux arrêts*. Si la confrontation entre philosophie et littérature structurera toutes ces étapes, on peut comprendre la distinction entre départs et arrêts de la manière suivante : les départs seront essentiellement motivés par de nouveaux récits de voyage, les arrêts étant plutôt des moments de problématisation philosophique des enjeux apparus. Le but de notre voyage reste toutefois d'entremêler intimement littérature et philosophie, et la distinction entre les départs et arrêts ne saurait donc recouper exactement celle qui existe ordinairement entre ces deux types d'écriture. Comme nous le verrons, en voyage, s'arrêter est encore voyager, et le mouvement peut difficilement se ramener à une avancée littérale.

C'est pourquoi il nous semble important d'achever cette introduction en invitant notre lecteur à chercher dans ce voyage phénoménologique un *approfondissement* du problème de l'appartenance au monde, plus qu'une avancée véritable, surtout si l'on entend par avancée un résultat qui permettrait de dépasser le problème. Le monde apparaît à un sujet qui lui est à la fois intérieur et extérieur ; ce n'est pas se complaire dans l'impasse que de décrire et revenir sans cesse sur la description de cette étrange situation. Au contraire, nous voulons y voir l'opportunité de revivifier l'intelligence du sujet, comme du monde.

chapitre premier
faux départ : mondialisation et tourisme

La description du voyage constituera donc notre clé d'entrée dans l'intelligence du monde, par-delà celui que prétend constituer la mondialisation. Or, celle-ci a considérablement transformé le voyage, souvent réduit au tourisme de masse. L'inconséquence que nous prêtons à la mondialisation pourrait donc se faire jour d'une manière assez évidente dès lors qu'apparaîtrait celle du tourisme contemporain : si le tourisme constitue le visage contemporain du voyage, celui-ci semble dénaturé dans la mesure où il ne se donne plus véritablement comme une découverte du monde.

Qu'on nous permette l'anecdote suivante, dans le seul but de lancer la réflexion. Lors d'un été passé en Toscane surgit l'envie de passer une journée à la mer. Le souvenir d'une photographie aperçue dans un magazine nous convainc de nous rendre à Vernazza, sur la côte ligure. Un petit village des *Cinque Terre* encastré dans une infractuosité de la falaise, des maisons aux couleurs vives étagées entre le bleu du ciel et celui de la mer, un chemin qui serpente jusqu'à une petite plage où paressent quelques barques … La photographie promettait un paradis de carte postale, un rêve méditerranéen. Ce n'est pas très loin, le train n'est pas très cher, nous voici décidés.

Le changement à La Spezia nous alerte déjà : si c'est une bonne idée que d'aller se baigner dans ce village, nous ne sommes visiblement pas les seuls à l'avoir eue. Sur le quai, on se regarde les uns les autres. Pour un peu, on en voudrait à tous ces gens d'être là, eux qui ne sont que d'autres nous, amers congénères, chapelet de touristes plus ou moins rougis par le soleil, encombrés de marmots plus ou moins bruyants, d'affaires de plage plus ou moins incongrues, de la serviette *Bob l'éponge* à la bouée géante en forme de poulpe.

L'arrivée à Vernazza est un cauchemar. Le petit chemin qui serpente entre les maisons colorées s'est mué en goulot d'étranglement pour la procession improvisée qui sort de la gare, sous les yeux des villageois blasés. On avance à touche-touche, et l'impatience ne flatte pas l'humanité. Lorsque la mer apparaît enfin, le soulagement n'est que passager. Les corps sont maintenant passés à l'horizontale, mais l'impression d'embouteillage est la même. Partout des paquets de viande étalée, qui prennent l'espace et réfléchissent le soleil comme une récompense méritée, comme un dû, après les épreuves nécessaires pour y parvenir.

On se baigne comme on peut, rapidement, pour se rafraîchir, avant de prendre la tangente. Mais où aller ? On s'aventure, on rôde dans la multitude de venelles et d'escaliers. Dans leur étroitesse désertée, on retrouve paradoxalement le sentiment de l'espace et l'impression de pouvoir respirer. Mais voici que réapparaît la foule : le dernier escalier où nous nous sommes engouffrés fait partie des parcours obligés, il monte à une terrasse d'où l'on est censé découvrir un « panorama fabuleux ». On bifurque à nouveau. Plaisir de se perdre, de déboucher comme par un fait exprès sur un panorama tout aussi fabuleux, heureusement non inscrit dans les guides. Toutefois, là encore, le plaisir est de courte durée : d'autres sont arrivés qui réclament de prendre à leur tour l'image qui certifiera qu'ils ont bien vu ce qu'il y avait à voir. On suit alors le sentier côtier, pour s'éloigner davantage. Mais il nous faut l'abandonner car la ballade est payante : oui, il faut dorénavant payer pour marcher sur un sentier …

De cette errance tragicomique dans ce qui devait être un petit paradis, nous retenons la leçon suivante : le voyage ne tolère pas la présence du voyageur ; il doit permettre au voyageur de disparaître, de s'absenter. Car c'est bien cela qui nous a manqué. Chaque fois qu'au détour d'un chemin nous tombions sur un touriste qui, comme nous, espérait un peu de solitude, de surprise ou de beauté, c'était un miroir qui nous était tendu. Nous découvrions dans ses yeux le même air navré, le même embarras, plus ou moins camouflé, devant cette rencontre non désirée. Et dans l'encombrement de sa seule présence, il nous rappelait la nôtre, quand nous aurions tant aimé nous oublier dans la découverte des lieux.

Si le tourisme constitue le visage contemporain du voyage, le tourisme de masse apparaît bien comme ce qui rend le voyage impossible. Étrange paradoxe donc, que celui imposé par la globalisation libérale : là où l'on pourrait croire le voyage facilité – il est maintenant si aisé et parfois même si bon marché de trouver l'avion qui vous fera découvrir le pays sinon le continent inconnu … –, celui-ci semble être devenu impossible. Car découvrir un *autre* pays, c'est finalement être confronté au *même* (au même touriste que nous sommes, aux mêmes files d'attente devant les monuments, à la standardisation internationale des protocoles d'organisation et de sécurité, aux mêmes enseignes mondialisées …).

La difficulté, sinon l'impossibilité de rencontrer l'autre se retrouve à son comble dans l'oxymoron du « voyage organisé ». De fait, l'organisation du voyage, en tant qu'elle présuppose prévisibilité et rentabilisation, limite sinon empêche cette rencontre de l'autre. Le temps du voyage se réduit en effet souvent à un temps de vérification de ce qui aura été prévu : la place emblématique de la ville, le monument historique, le tableau célèbre, le plat typique … Il ne s'agit, pour le touriste, que d'enchaîner les étapes d'un parcours obligé, littéralement pré-vu dans des clichés apparus sur des brochures ou des pages internet, et reconduits sous la forme des *selfies* que ne manqueront pas de produire les plus zélés devant ces mêmes lieux ou objets, comme pour attester qu'ils ont bien rempli le cahier des charges, et ainsi « fait » l'Espagne ou le Mexique, comme on a fait son lit ou son lacet, en suivant un protocole. Le temps du voyage est ainsi un temps rentabilisé – parfois à cadence forcée –, dans lequel il s'agit de voir tout ce qu'il y a à voir ; ou plutôt s'agit-il d'*avoir vu* ou *corroboré une attente dans un regard*, la découverte des lieux étant, insistons-y, moins une expérience de l'altérité que la vérification de ce qui aura été pré-vu dans l'organisation du voyage.

Quelle conséquence faut-il tirer de cette transformation du voyage en tourisme de masse quant à la compréhension du monde ? Il y a bien rétrécissement du monde, cette fois-ci au sens où la vision du monde n'est plus ce qui demande à être toujours complété, mais ce qui est toujours déjà complet et ne demande qu'à être vérifié. Le touriste est une sorte d'être en retard, toujours précédé par *Google maps* et tous les autres systèmes de pré-visualisation du monde. Il peut en effet débarquer dans un pays en ayant déjà prévisualisé l'itinéraire de l'aéroport à son hôtel, en ayant déjà vu la chambre où il dormira sur les photographies du site internet de l'hôtel, en ayant déjà connaissance des éventuels soucis du voyage *via* sa lecture des commentaires laissés par les internautes qui l'auront précédé ... Et il en est de même pour tous les sites touristiques qu'il entend visiter.

Au modèle phénoménologique de la perception du réel, qui procède par succession des esquisses et amélioration progressive de la visée perceptive – en vue d'une compréhension plus complète des objets – semble ainsi se substituer cette logique de vérification qui modifie essentiellement la *compréhension du monde*, en révélant la double signification du génitif; le monde n'est pas tant ce que nous découvrons dans une compréhension, dans un effort de saisie de plus en plus complet des choses de ce monde, que ce qui nous comprend toujours déjà, ce qui est nécessairement déjà-là et nous détermine en nous environnant. Dans une telle perspective en effet, le monde est l'environnement d'objets (sinon l'objet environnemental) déjà constitué qui nous précède, nous devance, et qui nous objective nous-mêmes en nous faisant entrer dans ses protocoles de vérification.

Certes, dans son analyse de la perception la plus ordinaire, Husserl envisage bien, lui aussi, une forme d'anticipation :

> Les choses « vues » sont toujours-déjà « plus » que ce que nous voyons d'elles « réellement et à proprement parler ». Voir, percevoir, c'est par essence « avoir la chose même » comme un seul et même acte avec « pré-avoir » la chose, l'avoir-en-vue, l'anti-ciper[1].

Mais cette anticipation est sans commune mesure avec celle que nous voyons à l'œuvre dans la « vérification » touristique. L'anticipation perceptive envisagée par Husserl peut en effet se comprendre comme un mode de l'exigence de sens propre au sujet qui implique aussi une forme d'attention à l'objet : le sujet

1. Husserl, *La crise des sciences européennes et la phénoménologie transcendantale*, trad. fr. G. Granel, Paris, Tel-Gallimard, 2012, p. 59.

percevant dialogue en quelque sorte avec l'objet perçu, au point que sa visée et son anticipation peuvent être sans cesse réajustées sinon bouleversées par ce qui se donne effectivement dans la perception. D'une certaine manière, la vérification touristique que nous voulons décrire ne se donne ni la peine ni le temps de ce travail d'anticipation et de reprise continue de l'anticipation : ce n'est pas un processus tendu vers une complétion à venir, mais vers le passé d'un tout déjà donné. Le tourisme de masse presse le touriste (dans le temps comme dans l'espace) de sorte que ce dernier ne peut vivre le progrès de son appréhension des choses et des lieux. Sa perception ne fait que superposer le tout de l'objet réellement perçu au tout de l'objet prévu, le seul progrès consistant en quelque sorte dans l'adjonction du caractère « effectivement perçu ». Le touriste dérisoire que nous avons été à Vernazza n'a ainsi pas véritablement vu la mer depuis ce promontoire où le panorama était si remarquable : il l'a simplement vérifiée, dans le court laps de temps où il lui a été possible d'être seul. Vastitude, bleu méditerranéen, éclats du soleil sur les flots …, voilà peut-être la seule décomposition perceptive possible, et encore, rétroactive, dans la réflexion sur le souvenir laissé. Le paysage s'est plutôt offert comme un tout, et le temps qui nous a été imparti pour l'admirer n'aura permis que de cocher la case « effectivement perçu » en face d'un élément, sur une liste de clichés.

Le tourisme doit ainsi se concevoir comme un appauvrissement de l'expérience : il substitue à la découverte progressive du monde la présentation effective et immédiate de son anticipation. La possibilité d'une donation du monde s'efface ainsi derrière la confirmation de ses données. Nous pourrions reformuler métaphoriquement ainsi : pour le touriste, il ne s'agit pas d'ouvrir les « portes de la perception », mais de vérifier compulsivement qu'il a bien fermé, et que les choses restent à demeure, telles qu'elles devaient être ... À cette prévision et enfermement du monde dans l'anticipation touristique, sans doute nous faut-il opposer le principe suivant : le monde comme tel n'échoit à la visibilité que sous la forme de l'imprévu.

Cette appréhension quasi immédiate du monde dans le tourisme constitue par ailleurs une démarche que l'on pourrait qualifier d'anti-esthétique. Une appréhension esthétique de la grandeur, selon Kant, se distingue en effet d'une appréhension objective en ce qu'elle ne passe pas par un progrès vers la détermination : l'appréhension esthétique de la grandeur est immédiate, elle se fait « en clin d'œil », et Kant, dans l'*Analytique du sublime*, d'opposer notamment appréhension esthétique et appréhension mathématique de la grandeur. D'une certaine manière, le tourisme amène une « vision du monde » dont l'immédiateté pourrait se confondre avec cette appréhension esthétique de la grandeur : « en un clin d'œil », j'ai reconnu la *Joconde*, la forme si particulière des taxis londoniens ou le rouge du *Golden Gate Bridge*, tout comme, en un clin d'œil, j'ai réduit le fourmillement infini des figures de la *Chapelle Sixtine* à cette confuse masse colorée dont je savais d'avance qu'elle devait entourer et faire ressortir le doigt de Dieu. Mais en vérité, l'immédiateté est ici précisément anti-esthétique en ce qu'elle constitue un mode de la détermination. C'est une immédiateté qui achève la vision, comble sans reste le désir de voir et l'entraîne ainsi plutôt à voir ailleurs. Le regard touristique n'a donc qu'une attente, celle d'une vérification qui est aussi une injonction : *Circulez, il n'y a (plus) rien à voir.* À l'inverse, l'immédiateté de l'appréhension esthétique, loin de constituer un achèvement, doit se comprendre comme une invitation à regarder, à regarder autrement, à regarder mieux, à regarder encore, sans qu'un quelconque achèvement ne paraisse concevable.

La distinction entre anticipation perceptive et vérification touristique peut encore se comprendre comme une modification de la subjectivité et une forme d'objectivation du sujet perceptif. À cet égard, il nous semble possible d'envisager le tourisme contemporain comme un mode de l'éjection, telle que nous avons pu la définir ailleurs[1]. Le sujet n'est plus le principe de la constitution des objets de l'expérience tant il semble simplement commis, sommé de s'intégrer dans un parcours prévu, au sein duquel il est lui-même prévu. L'éjection désigne pour nous cette perte du caractère principiel du sujet, qui devient un quasi-objet au sein d'un environnement déterminé. De l'aéroport à l'entrée dans les musées, le touriste subira ainsi des formalités de sécurité analogues ; la formule qu'il aura choisie à son hôtel lui donnera un certain nombre de droits déterminés, dont on sait qu'il s'attachera à en profiter autant que possible (le « *all inclusive* » l'amenant à boire et manger parfois plus qu'il ne le désire réellement lui-même). Quant aux visites qu'il effectuera, elles seront en large partie déterminées, jusque dans leur enchaînement, par les guides et sites internet qu'il aura consultés (le « *top* » des 10, 20, 30 … « lieux à voir » ou « choses à faire » dans telle ou telle ville). Ainsi transformé en touriste éjecté, le voyageur est bien objectivé : il devient une sorte de mobile en grande partie prévisible dans ses déplacements et comportements, au sein d'un environnement lui-même *pré*vu.

Ultime conséquence paradoxale de cette transformation : le monde n'est plus tant vécu sur le mode de l'ouverture (confrontation à la nouveauté dans un monde qui reste fondamentalement à découvrir) que sur celui d'un quasi-enfermement. Avec les processus de standardisation (tant dans l'architecture, l'urbanisme que le *marketing* et les méthodes de détermination et

1. *Cf.* B. Delmotte, *L'architecture au subjonctif*, *op. cit.* L'analyse de l'éjection occupe la première partie du livre (p. 25-127).

prévisibilité des comportements), l'ailleurs ressemble en effet – parfois désespérément – à l'ici, et la découverte du monde se réduit à la recherche des petites différences spécifiantes. Mais même l'expérience des particularismes locaux, dans le folklore et les traditions, ne suffit que rarement à créer une impression de découverte authentique, tant ceux-ci sont eux-mêmes monétisés et mis en scène. Pris dans sa « formule », logé, nourri, baladé, accompagné, traduit, le touriste découvre un monde qui continue à ressembler à un village vacances au-delà des limites du village vacances. Et loin de se sentir dépaysé, il pourra avoir l'impression d'étouffer dans ce rétrécissement du monde. Nous retrouvons là un paradoxe de ce rapport particulier à l'espace que constitue l'éjection contemporaine : éjectée de son pouvoir constituant, la subjectivité est sommée de s'intégrer à son environnement, au point de ne plus parvenir à se sentir *là*, et de ressentir le besoin de s'échapper.

Le tourisme de masse, s'il facilite la mobilité planétaire, crée ainsi un paradoxal enfermement, et du sujet, et du monde. Le monde devient le simple environnement objectif d'un sujet objectivé en corps mobile déterminé par cet environnement. La mondialisation, telle qu'elle se fait jour dans le tourisme de masse, révèle ainsi toutes les ambiguïtés de cette emprise du monde qui caractérise la relation de l'homme à ce qui l'entoure. Le monde est certes profondément marqué par l'impact des actions humaines (au point que l'on a pu penser notre ère comme celle de l'anthropocène), mais une telle emprise n'est pas sans équivoque tant l'homme subit en retour les effets d'une mondialisation/globalisation que l'on peut définir comme réalisation captivante du globe : la subjectivité est prise dans cette réalisation, pensée et insérée dans les dispositifs qui la *ravissent* en la divertissant de sa nature principielle.

chapitre 2
nouveau départ : le voyage comme « recul-devant » et consécration de la distance

Comment retrouverons-nous le monde? De toute évidence, à voyager en touriste, nous l'avons perdu. Il est devenu cet environnement rétréci et fabriqué de toutes pièces, hyper-rentabilisé, qui peut être aussi séduisant qu'il est effrayant.

Retrouver le monde signifiera donc cesser de voyager en touriste. Celui que nous avons été doit maintenant se tourner vers le voyageur, et c'est dans les récits de voyage de Nicolas Bouvier que nous choisissons de lire ce qu'est un voyage, et ce qu'est un monde.

Quelques remarques avant d'entamer cette lecture, afin notamment de justifier ce choix : Nicolas Bouvier est un grand voyageur, dont les livres (nous nous tournerons notamment vers le plus célèbre d'entre eux, *L'usage du monde*, sans toutefois négliger *Le poisson-scorpion*, le *Journal d'Aran* ou d'autres ouvrages) présentent de surcroît un intérêt littéraire remarquable. Surtout, ses voyages ont été entrepris en grande partie avant les grandes transformations opérées depuis la mise en œuvre de la mondialisation : paru dans les années 60, *L'usage du monde* relate en effet un voyage (Yougoslavie, Turquie, Iran,

Pakistan, Afghanistan) effectué au début des années 50. Cet écrivain offre ainsi pour nous l'intérêt d'une vision du voyage qui, d'une certaine manière, nous est très proche[1], alors même que le monde qu'il évoque s'est considérablement transformé. Le tourisme n'était pas aussi développé qu'il ne l'est actuellement, ce qui facilite sans doute la possibilité, et de saisir ce que signifie voyager, et de voir apparaître le monde comme tel.

Ajoutons que ce choix – qui répond donc autant à des affinités qu'à des considérations de méthode – ne doit pas s'interpréter comme une affirmation simplement passéiste de type « le monde n'est plus ce qu'il était » ou « c'était mieux avant » … Car le monde, comme tel, n'a sans doute pas été modifié – ou alors faut-il dire qu'il n'a jamais cessé d'être autre qu'il n'est. C'est une certaine conception du monde, due à la mondialisation, qui a recouvert le monde comme tel. De fait, le voyage n'est pas, aujourd'hui, impossible, et il existe de remarquables récits de voyage contemporains[2]. Simplement, il nous paraît plus aisé de faire apparaître cette possibilité du monde dans les écrits de Nicolas Bouvier, en raison notamment du léger décalage historique qui le caractérise par rapport à notre époque : comme souvent dans l'intelligence de l'expérience, il peut être opportun d'opérer un léger déplacement, de manière à faire apparaître ce que nous ne voyons plus.

Revenons-en donc au voyage, par-delà le tourisme. Qu'est-ce que partir ? Voyager ? Ces seuls verbes font déjà entendre une promesse. L'inquiétude du voyage et les tracas des préparatifs n'en viennent pas à bout, comme si le voyage ne pouvait s'envisager autrement qu'avec espoir. Il n'est donc pas un

1. Nicolas Bouvier est mort en 1998.

2. Parmi les plus récentes parutions, le dernier roman de S. Prudhomme, *Par les routes* (Paris, L'arbalète, 2019), nous paraît ainsi constituer un très beau portrait de voyageur.

simple déplacement, il ne se ramène pas à une translation dans l'espace : il est lesté par une charge affective et existentielle. De l'« ailleurs », on ne peut se résoudre à croire qu'il n'est qu'un autre « ici », et le voyageur croit aussi peu à l'homogénéité de l'espace qu'à celle du temps. Voyager, c'est en effet tendre vers un futur dont on présume l'intensité : un fonds d'expériences nouvelles, de possibilités inattendues, d'aventures – de « l'amourette de vacances » à la véritable rencontre, de l'événement fortuit à l'extraordinaire, du simple dépaysement aux « sensations fortes », sinon aux véritables dangers.

Le voyage, on le voit d'emblée, est une tension vers l'avant qui ne va pas sans poser une séparation : « là-bas » n'est pas comme « ici » et l'« après » ne sera plus comme l'« avant ». Le voyage est censé briser la monotonie du quotidien, nous ouvrir, élargir notre expérience (il « forme la jeunesse », dit-on), tout comme il offre paysages et coutumes marqués du sceau de l'altérité.

Avant même le voyage – nous ne sommes ici que dans son attente et son évocation –, nous voyons ainsi apparaître ces deux caractères (tension vers l'avant, séparation) dont il nous faut maintenant préciser la nature et comprendre l'étrange conjugaison. C'est ici que l'expérience d'un voyageur comme N. Bouvier nous paraît si remarquable : car, à le lire, il apparaît que le voyage trouve paradoxalement son sens dans une certaine défaite de la tension qui n'est pourtant pas, tant s'en faut, sa résorption. Avançons d'emblée la thèse de cette première approche des écrits de Bouvier : la tension vers l'avant n'est pas contradictoire d'un certain recul, dès lors que s'impose la séparation.

Pour comprendre ce paradoxe, il faut d'abord clarifier ce qu'on entend par « tension vers l'avant ». Elle a évidemment une dimension spatiale et temporelle : c'est bien un désir d'ailleurs et une confiance dans le futur qui poussent Nicolas Bouvier et son ami Thierry Vernet à traverser l'Europe à bord de leur petite voiture, avec l'idée d'aller jusqu'en Inde. Un désir sans doute courant, mais qu'ils vont, pour leur part, s'employer à réaliser véritablement. Dans *L'usage du monde*, cette tension géographique et temporelle se ressent notamment dans la description du périple et de ses étapes les plus marquantes (traversée des frontières, découverte de chaque ville-étape …) et les plus extrêmes (le franchissement des cols, où l'on se sait plus si c'est la petite *Fiat* qui transporte les deux hommes ou ces derniers qui soutiennent la voiture dans son ascension). Toutefois, cette avancée ne suffit sans doute pas à caractériser la tension propre au voyage, tant elle peut se faire ressentir dans des moments de pause et de contemplation :

> La nuit était royale; la mer étale et silencieuse. À quelques pas de moi, perché sur l'angle de la balustrade, un paon dormait la tête sous l'aile. De temps en temps un frisson parcourait son plumage de la tête aux ocelles comme s'il était aux prises avec un mauvais rêve[1].

Parvenu à ce qui était encore Ceylan, Nicolas Bouvier a trouvé le gîte chez un douanier et s'attache à décrire ce qui l'entoure depuis le *rocking-chair* où on l'a installé pour la nuit. Le sommeil de ce paon est alors d'autant plus notable qu'il contraste avec l'agitation qu'il perçoit dans son dos :

> Le douanier et ses collègues jouaient aux dominos, à la lumière du pétrole, sans ménager les petits verres. La compagnie commençait à chasser sur ses ancres et des rires puérils et stridents saluaient chaque double six. Quand l'un des joueurs se levait pour aller soulager sa vessie je voyais une ombre immense tituber devant moi sur la galerie. La fièvre – vaccins de la veille ou retour de malaria – et la danse des lucioles au-dessus de ma tête me donnaient le tournis. Un de ces instants où la fatigue retire au voyageur toutes ses raisons[2].

1. N. Bouvier, *Le poisson-scorpion*, Paris, Folio-Gallimard, 1996, p. 22.
2. *Ibid.*

On dira que l'extrait est plutôt mal choisi pour mettre en avant la tension vers l'avant par quoi nous avons notamment caractérisé le voyage, tant les circonstances – fatigue, fièvre – immobilisent ici le voyageur. Mais c'est justement que la tension vers l'avant se caractérise autrement que par une avancée littérale. Elle reste ici présente dans l'attention aux choses, dans le mouvement du regard qui les parcourt et celui de la langue qui veut en rendre compte. Plus fondamentalement, la tension vers l'avant renvoie à une intentionnalité que l'on peut ici qualifier à la fois de bienveillante et de favorable : la nuit et la mer ont la faveur de l'écrivain dans la contemplation de leur calme, comme l'agitation du douanier et de ses collègues offre un spectacle plaisant par sa bonhomie égrillarde. Le relâchement du corps n'abaisse donc pas – au contraire – la vigilance d'une conscience et d'une sensibilité aux aguets, à même d'accueillir, en le constituant, l'ordre des choses qui l'entourent. Ainsi apparaissent les oppositions de l'extérieur et de l'intérieur, de l'obscurité de la nuit et de la lumière qui émane de la lampe à pétrole, du sommeil de l'oiseau et de l'agitation de la « volière » humaine ... À lire Nicolas Bouvier, il semble que ces oppositions forment paradoxalement un monde, que tous les éléments extérieurs trouvent à s'équilibrer.

La tension vers l'avant se caractérise ainsi comme une forme d'accueil du monde : non pas sa simple réception passive, mais une façon de « laisser-être » les choses qui invente en même temps leur aimable ordonnancement, rend possible l'harmonie, avec une confiance qui rappelle ici celle de l'enfant. Malade, épuisé, Nicolas Bouvier regarde et entend ce monde comme l'enfant qu'on aura laissé s'endormir sur un canapé : le bruit du monde lui parvient dans une sorte de brouhaha qui lui semble rassurant, familier, et ce, alors même qu'il vient seulement de débarquer dans l'île.

Il s'agit bien là d'une activité intentionnelle qui vise le monde et non seulement tel ou tel étant, voire telle ou telle contrée. Bouvier a beau décrire un simple coin du monde, qui plus est à un moment donné et circonstancié, ce qu'il vit correspond à une certaine possibilité du monde, qui se donne alors sous une certaine coloration. « Possibilité du monde », disons-nous, parce qu'au-delà de l'espace qui l'environne immédiatement (la maison du douanier), le voyageur semble ressentir et décrire une ambiance ou un rayonnement sans limite : la mer et l'immensité du ciel semblent ainsi s'inscrire dans la continuité de la scène qu'il décrit plus précisément, comme si le monde tout entier se mettait au diapason de ce qu'il vit dans le *rocking-chair* où le cloue son demi-sommeil. Cette inscription « cosmique » (mer, ciel) manifeste d'autant mieux un monde que celui-ci fait preuve, on l'a dit, d'un remarquable pouvoir d'harmonisation : le monde n'est pas simplement la somme ou la juxtaposition des étants, mais leur rassemblement et leur ordonnancement, par-delà les oppositions sinon les contradictions (calme/bruit, obscurité/lumière, hommes/animaux ...). Se confronter au phénomène du monde, c'est assister à la possibilité de son unité et de son harmonie, par-delà la diversité et les tensions :

> un monde, ce n'est pas le simple assemblage des choses données, dénombrables et non dénombrables, connues ou inconnues. Un monde, ce n'est pas non plus un cadre figuré qu'on ajouterait à la somme des étants donnés. *Un monde s'ordonne en monde* (*Welt weltet*), plus étant que le palpable et que le préhensible où nous nous croyons chez nous[1].

Pour Heidegger, le monde ne saurait se comprendre comme une simple accumulation totalisante; il n'est pas seulement « la somme de l'étant accessible, en mesure variable selon le

1. Heidegger, « L'origine de l'œuvre d'art », dans *Chemins qui ne mènent nulle part*, trad. fr. W. Brokmeier, Paris, Gallimard, 1962, p. 34.

périmètre et selon la profondeur de pénétration »[1]. Une telle définition est certes celle qui se donne « de prime abord »[2] (et qui vaut aussi bien pour l'homme que pour l'animal), mais plus fondamentalement, le monde, par-delà le seul environnement, a pour lui une dimension ontico-phénoménologique, qui nous paraît particulièrement de mise dans le récit de voyage : « au monde est associée la manifesteté de l'étant en tant que tel, de l'étant *en tant qu'*étant »[3]. L'écriture du voyageur participe de cette épiphanie en donnant à voir l'ordonnancement possible de ce qui est, dans un pur spectacle, comme en deçà des constructions dramaturgiques, autant que des jugements sociaux : le regard accueille et intègre tout ce qui est, en tant qu'il est.

Une telle capacité de manifestation renvoie, selon Heidegger, à celui pour qui un tel sens du monde est pertinent, à savoir le *Dasein*, dans sa capacité à être « intoné », c'est-à-dire à ressentir la tonalité affective à travers laquelle le monde se manifeste. Cette capacité à être intoné est fondamentalement variable, ce dont l'expérience du voyage rend compte, là encore, d'une manière remarquable. Si la fièvre et la fatigue donnaient, dans le passage que nous venons d'étudier, une douce langueur au monde ambiant, la diminution qui résulte de la maladie peut le colorer autrement. Ainsi Nicolas Bouvier évoque-t-il la façon dont la dysenterie peut noircir son expérience :

> Lorsque je me retrouve ainsi diminué, alors la ville m'attaque. C'est très soudain ; il suffit d'un ciel bas et d'un peu de pluie pour que les rues se transforment en bourbiers, le crépuscule en suie, et que Prilep, tout à l'heure si belle, se défasse comme du mauvais papier. Tout ce qu'elle peut avoir d'informe, de nauséabond, de perfide apparaît avec une acuité de cauchemar : le flanc blessé des ânes, les yeux

1. Heidegger, *Les concepts fondamentaux de la métaphysique*, *op. cit.*, p. 288-289.

2. *Ibid.*, p. 288.

3. *Ibid.*, p. 397.

> fiévreux et les vestons rapiécés, les mâchoires cariées et ces voix aigres et prudentes modelées par cinq siècles d'occupation et de complots. Jusqu'aux tripes mauves de la boucherie qui ont l'air d'appeler au secours comme si la viande pouvait mourir deux fois[1].

Le voyage révèle une sorte de plasticité essentielle au monde, comme à la tonalité affective qui le donne – plasticité qui semble produire un bouleversement quasi magique. Depuis cette nuit passée à Ceylan, le monde apparaissait comme un équilibre d'oppositions et de correspondances dans l'engourdissement de la fatigue et de la fièvre ; à Prilep, la beauté célébrée semble s'évanouir en un clin d'œil, et le monde devenir un paysage de cauchemar sous l'effet de la maladie.

Comment comprendre ce lien entre tonalité et manifestation du monde ? L'appartenance du voyageur au monde semble constituer la clef d'intelligibilité d'un tel problème. Du reste, une remarque de Heidegger pourrait nous y inviter :

> Dans la tonalité, on *se sent* comme ceci ou comme cela, – ce qui implique que la tonalité rend précisément manifeste l'*étant en entier* ainsi que nous-même en tant que nous nous trouvons disposés au milieu de cet étant[2].

La manifestation de l'« étant en entier » qui se fait jour dans la tonalité affective doit certainement être imputée à l'appartenance de l'homme au monde. Mais tout l'enjeu est ici (et de façon générale, dans l'ensemble de cet essai) de bien comprendre le sens de cette appartenance. À cet égard, une chose est claire et doit d'emblée être affirmée : cette appartenance ne peut se réduire à une situation spatiale factuelle, ni la tonalité se ramener à l'effet d'un déterminisme environnemental.

1. N. Bouvier, *L'usage du monde*, Paris, La Découverte, 2014, p. 71.

2. Heidegger, *Les concepts fondamentaux de la métaphysique. Monde – Finitude – Solitude*, *op. cit.*, p. 410.

Au point où nous en sommes, il nous est déjà possible de nuancer le sens de cette appartenance en remettant en question toute explication déterministe, notamment parce que l'opposition entre activité et passivité semble perdre sa pertinence. Certes, peut-être notre voyageur noircit-il soudain la peinture de Prilep parce qu'il se sent attaqué par la ville. La tonalité « subjective » serait ainsi le fait de l'environnement. Mais une telle explication est insuffisante sinon déplacée. Car cette « attaque » pourrait elle-même être considérée comme la conséquence d'un déterminisme inverse : c'est parce que le voyageur est malade qu'il voit la ville autrement.

Plutôt donc que de chercher à « expliquer » le sujet et le monde à travers des relations de détermination, il nous semble opportun de décrire phénoménologiquement la façon dont le sujet se donne le monde, le manifeste à travers une certaine tonalité (qui n'a donc plus son sens proprement heideggérien, puisque nous voulons voir dans la tonalité non pas une ouverture du *Dasein*, mais une certaine forme d'intentionnalité subjective). Il nous faut décrire la façon dont le sujet va vers le monde car tout l'enjeu, pour nous, consiste à comprendre l'ambivalence de ce mouvement, de cette « tension » où se façonne une possibilité de monde.

Cette ambivalence est remarquable, car même lorsque la tension semble se défaire – comme c'est le cas dans la description de la nuit passée chez le douanier – cette défaite relève paradoxalement d'une forme de retraite contemplative et heuristique qui nous pousse d'autant mieux *vers* les choses. Le voyageur n'est donc pas seulement un corps en mouvement ; il est aussi le principe de l'institution du monde, ici dans une sorte de contemplation assomptive, en même temps qu'il semble s'enlever lui-même dans cette contemplation. En d'autres termes, le voyageur tend peut-être d'autant plus vers l'avant qu'il se retire du monde qu'il fait apparaître. Mieux : il se résorbe dans son activité même, dans sa capacité à faire apparaître le monde. La tonalité affective, en ce sens, est peut-être moins la manifestation de l'appartenance au monde (du moins en tant qu'inscription mondaine effective) que celle d'un certain retrait.

Une telle caractérisation du voyageur nous paraît d'autant plus juste que même dans les passages les plus « actifs » des livres de Bouvier – ceux qui narrent ses actions sinon ses hauts faits – c'est encore cette capacité de retrait dans la tension vers l'avant qui l'emporte. C'est ce que l'on peut remarquer dans un texte[1] où l'auteur, aidé de son ami, fouille une décharge publique pakistanaise, à la recherche de son manuscrit, qu'un groom de l'hôtel a fait l'erreur de jeter à la poubelle. Après le récit de la façon dont les deux hommes ont chassé les vautours regroupés autour des détritus, l'écriture évolue. Nous sommes certes dans l'évocation d'une action – la fouille malheureuse et vaine d'une décharge – mais tout se passe comme si la narration du drame disparaissait derrière la description. Il est en effet frappant de noter l'absence des personnages, sinon comme simples motifs visuels lors de leur charge contre les vautours. Les deux hommes sont comme résorbés dans la description de la situation, avalés dans le regard jeté sur la décharge et l'amoncellement de déchets. Bientôt, on ne voit même plus le bras qui s'agite et manie la pelle : la description ne se focalise plus que sur l'aperçu des détritus. En d'autres termes, l'apparition du monde, dans son apparaître même, fait (quasi) disparaître le sujet agissant – ce corps qui fouille, trime et s'agace de ne rien trouver – pour mieux révéler un regard, où l'étonnement le dispute à la rage et au dégoût. La tension vers le monde prend donc la forme d'un face-à-face avec le monde, ou plutôt entre l'apparition du monde et le regard qui le fait apparaître.

1. *Cf.* N. Bouvier, *L'usage du monde*, Paris, La Découverte, 2014, p. 307-308.

Si l'on ne craint pas les néologismes, on dira que la tension vers l'avant se révèle dans le face-à-face entre un monde qui apparaît et son seul « apparisseur » (celui qui le fait apparaître), soit, tout aussi bien, son « apparhéteur » (celui dont l'usage de la langue permet l'apparition).

Nous reviendrons plus loin sur ce double néologisme; contentons-nous, pour l'instant, d'analyser cette structure de face-à-face dans la tension vers l'avant propre au voyage. On pourrait, dans un premier temps, comprendre ce face-à-face à travers la relation d'objectivation, comme le vis-à-vis d'un sujet et d'un objet. C'est là un quasi poncif : étranger au pays dans lequel il se trouve, le voyageur est censé le découvrir avec une objectivité d'autant plus grande. Du reste, Nicolas Bouvier le reconnaît lui-même : la « mobilité sociale du voyageur lui rend l'objectivité plus facile »[1]. Mais cette objectivité aiguisée est toutefois loin de suffire à comprendre le face-à-face propre au voyage. Car si la distance objective présuppose une séparation claire du sujet et de l'objet, celle-ci semble souvent mise à mal durant le voyage. Nous l'avons déjà dit : dans son face-à-face avec le monde, le voyageur se trouble, se défait, de sorte qu'il faut parvenir à penser un face-à-face qui ne soit pas confrontation entre des parties prenantes nettement définies et délimitées. Ainsi Bouvier disparaît-il en partie dans l'évocation de la fouille de la décharge : il n'est objectivement vu que comme une silhouette lointaine, chargeant les vautours – mais alors, il se confond avec celle de Thierry Vernet. Son apparition est davantage négative et indirecte (il faut bien que quelqu'un tienne la pelle évoquée dans le texte). Surtout, sa présence se résorbe dans son seul regard, fortement incarné (notamment parce que diverses émotions transparaissent dans ce regard).

1. *Ibid.*, p. 27.

Comment comprendre cette involution du corps dans un tel regard ? Pour utiliser une distinction phénoménologique féconde, nous dirons que le voyageur disparaît comme corps objectif pour apparaître davantage comme chair. Si chair et corps peuvent se recouvrir, ils ne peuvent être totalement assimilés, et la chair, en tant que principe de localisation[1], échappe en elle-même à la localisation effective. Le face-à-face propre au voyage doit ainsi se concevoir comme une expérience éminemment charnelle, avec toutes les ambiguïtés spatiales permises par une telle expérience. Cette qualité charnelle permet en effet de comprendre pourquoi le pôle « subjectif » de l'expérience est si difficile à cerner (car la chair est *et* n'est pas le corps). Elle permet en outre de comprendre pourquoi le pôle « objectif » est tout aussi flou : d'une part, on l'a vu, parce que ce monde doit sa coloration au « sujet », ou plutôt au regard qui le fait apparaître ; et d'autre part parce que l'empathie permet de « quasi » pénétrer ce monde, d'en apprécier, comme de l'intérieur, les qualités propres. Toute la difficulté est en effet de comprendre comment le face-à-face peut tolérer la « quasi » communion, comment la distance du face-à-face peut tendanciellement se résorber et donner l'impression d'une pénétration empathique de ce monde :

> Aux abords de Mahabad, nous ramassâmes ainsi un vieillard crotté jusqu'aux fesses, qui brassait d'un bon pas la neige fondue et chantait à tue-tête. En s'installant sur le siège passager, il tira de sa culotte une vieille pétoire qu'il confia poliment à Thierry. Ici, il n'est pas séant de conserver une arme en pénétrant chez quelqu'un. Puis il nous roula à chacun une grosse cigarette et se remit à chanter très joliment.
> Moi, par-dessus tout, c'est la gaieté qui m'en impose[2].

1. Pour Husserl, le corps-propre se conçoit en effet « en tant que centre d'orientation » (« *Der Leib als Orientierungszentrum* »). *Cf.* Husserl, *Idées directrices pour une phénoménologie et une philosophie phénoménologiques pures, Livre second, Recherches phénoménologiques pour la constitution*, *op. cit.*, p. 223.

2. N. Bouvier, *L'usage du monde*, *op. cit.*, p. 168.

Ce passage est particulièrement à même de nous faire saisir les ambiguïtés du face-à-face que nous cherchons à caractériser : face à ce vieil Iranien, N. Bouvier ressent un étonnement amusé qui l'installe (et nous installe) à la fois très près et très loin de cette personne. L'étonnement (devant la jovialité du passager, sa possession d'une arme, la facilité avec laquelle il la remet à Thierry Vernet lorsqu'il monte dans leur voiture ...) crée une distance, qui semble remise en question par l'aisance – on pourrait dire la faveur – avec laquelle le voyageur accepte cette distance. La gaieté de l'homme est communicative, elle rapproche, et la coutume qui veut que l'on ait et remette ainsi son arme à son hôte – aussi exotique et surprenante soit-elle – s'exécute avec une telle évidence qu'elle semble pouvoir être presque immédiatement comprise.

Mais – et cela nous semble essentiel – il ne s'agit pas là d'un jeu dialectique, et la distance n'est pas surmontée. Aussi communicative soit la gaieté, elle « en impose » à Nicolas Bouvier, c'est-à-dire qu'elle impose une distance contemplative et émerveillée. Le face-à-face ne repose donc pas sur une distance objective et mesurable, mais plutôt fluctuante et prodigieuse : un jeu d'éloignement et de rapprochement entre les parties, qui ne se résout jamais, et qui impose la perpétuation de la distance jusque dans l'impression du rapprochement ultime. En ce sens, l'espace du face-à-face renvoie à cet éloignement propre à l'empathie que nous avons cherché à caractériser ailleurs[1] : un éloignement plus ou moins facile à résorber, quand bien même la communion absolue reste impossible.

1. Sur cet éloignement propre à l'empathie, voir notre précédent essai, *Étonnement. Berlinde De Bruyckere*, Genève, Furor, 2017, ainsi qu'un article intitulé « *Le baiser de Judas* et l'*ici/là* de la chair. Un dévoilement esthétique de l'espacement phénoménologique », *Alter, Revue de phénoménologie*, n° 25, 2017, p. 235-247.

> J'entrai sur la pointe des pieds. Affaissé contre un bureau-cylindre dans la lumière dorée des flacons de Chanel, un gros homme parfaitement immobile, une revue ouverte devant lui, lisait à haute voix ce poème ; se le répétait plutôt comme pour s'aider à accepter des choses qu'il ne savait que trop. Une expression extraordinaire d'acquiescement et de bonheur était répandue sur son large visage mongol perlé de sueur. (...) Quand il eut terminé et qu'il m'aperçut à deux pas de lui, il n'en marqua aucune surprise et ne me demanda pas davantage si je désirais quelque chose. Il me tendit simplement la main et se présenta[1].

L'extrait offre un bel exemple de cette perpétuation de l'éloignement jusque dans la complicité empathique qui caractérise, selon nous, le face-à-face du voyageur et du monde. Si la vision de ce parfumeur iranien lisant un poème de Michaux marque à ce point Bouvier, c'est d'abord parce que la rencontre avec le monde, ici, implique un élément de compréhension et de reconnaissance jusque dans la découverte de l'extraordinaire. Il peut paraître étonnant d'entendre un poète français en poussant la porte d'un commerçant iranien (Bouvier remarque d'ailleurs que l'inverse est sans doute encore plus difficile à imaginer), mais la surprise s'accompagne ici d'une forme de sympathie immédiate. Ce que Nicolas Bouvier reconnaît, par-delà la surprise et « l'étrangèreté », c'est un rapport à la poésie qui lui paraît familier sinon nécessaire. Malgré la différence, donc, l'empathie permet la compréhension. Mais, plus remarquable encore : malgré l'empathie et la compréhension, la distance demeure. Mieux : elle est pour ainsi dire *consacrée* par l'empathie. À lire le texte, il apparaît en effet que le voyageur s'oblige à demeurer comme *au seuil* de la boutique de ce parfumeur, et la distance entre les hommes (objectivement, deux pas seulement les séparent) devient alors comme prodigieusement infranchissable. Même le contact final (on imagine la poignée

1. N. Bouvier, *L'usage du monde*, *op. cit.*, p. 219.

de main qui conclut la scène) maintient la distance, comme si l'impression si vive laissée par la vision *à distance* de cet homme absorbé par un poème demeurait et s'inscrivait par-delà le rapprochement effectif.

Il y a donc, et c'est bien sur ce paradoxe que nous souhaitons conclure cette première analyse, une particularité essentielle à la tension vers l'avant qui caractérise le voyage : cette tension ne se réduit pas à une avancée objective et va même jusqu'à impliquer une forme de *recul devant* « l'objet » même de la tension tant la distance de la séparation avec le voyageur semble consacrée ; et le voyage doit ainsi se définir comme une *consécration de la distance.*

Tendre vers l'avant, dans le voyage, c'est donc respecter la façon dont le monde se dresse devant nous en nous en imposant, et accepter de rester au seuil de sa révélation. Le voyage permet ainsi de mettre au jour une ambiguïté remarquable de l'appartenance au monde : appartenir au monde, ici, ne signifie pas être objectivement inséré dans le système des étants, mais davantage *tendre vers le monde* d'une manière qui semble interdire aussi bien l'exclusion que l'inclusion simples. La tension vers l'avant – en tant qu'elle implique une forme de recul – se conjugue à la séparation. Le voyageur sait qu'il est comme séparé du monde, sans doute même a-t-il une conscience aiguë de cette séparation ; mais cette séparation – c'est là un point essentiel – n'est pas une exclusion : *c'est une séparation qui l'implique*, le concerne, dans et malgré (faut-il dire : « grâce à » ?) la haute conscience de l'altérité qui lui fait face.

Le voyage est donc une expérience éminemment paradoxale : *c'est à la fois une expérience du face-à-face et une expérience de l'un dans l'autre, sans assimilation de l'un par l'autre.* Autrement dit, le voyage est à la fois assomption de la séparation d'avec l'autre et la reconnaissance de ce dernier ; une reconnaissance de son altérité, de la possibilité sinon de la nécessité de cette altérité, malgré la possibilité du rapprochement, sinon, là encore, sa nécessité. Dans le voyage, tout se passe en effet comme si le voyageur pouvait se reconnaître jusque dans ce qui lui est – et demeure – pourtant étranger.

chapitre 3
premier arrêt : le centre du monde

Arrêtons-nous un instant devant cette nouvelle définition du voyage comme apparition du vis-à-vis du monde et consécration de la distance. Plusieurs remarques nous semblent nécessaires. La première apporte une précision dans la critique de la mondialisation. La deuxième concerne l'emploi même de la notion de monde pour caractériser l'expérience que nous avons décrite ; la troisième est relative à ce que nous appellerons les structures d'apparition du monde ; la dernière à la compréhension de la subjectivité qui se fait jour dans l'expérience du voyageur.

Si le voyage se définit comme une consécration de la distance, on voit un peu mieux pourquoi la mondialisation interdit le voyage : c'est qu'elle tend justement à supprimer la distance. Les réseaux de mobilité et de communication qu'elle met en place n'ont d'autre fonction que de réduire sinon d'annihiler le « problème » de la distance : internet rapproche l'autre bout du monde, et me permet de communiquer avec un interlocuteur lointain presque comme s'il se trouvait dans la même pièce que moi. Par ailleurs, les avions et bateaux ont incroyablement compliqué les liens entre production et consommation, les objets conçus ici pouvant être produits là-bas et livrés encore ailleurs en un temps parfois record. L'éloignement a certes un coût (financier et écologique), mais celui-ci est considéré comme négligeable eu égard aux profits (financiers) générés. Or, le voyage, on l'a dit, implique une compréhension très différente de la distance. Celle-ci n'est pas un « problème » qu'il faudrait surmonter. Au contraire : elle est une dimension qu'il faut consacrer, c'est-à-dire découvrir, installer et maintenir, dans un regard qui la considère avec faveur, sinon respect.

Essayons ensuite de mieux justifier l'emploi de la notion de monde. Cela ne va sans doute pas de soi : quel sens y a-t-il en effet à parler de monde pour caractériser la nuit passée chez un douanier de Ceylan, la rencontre avec un parfumeur iranien ou un vieil homme aussi armé que sympathique ? On pourrait dire, d'abord, que ces événements, ces rencontres ou ces objets, par leur caractère étonnant, « font monde » ou plutôt refont le monde : nous qui débarquons avec nos habitudes, nos schémas de pensées, nos idées préconçues, etc., nous découvrons en voyage d'autres habitudes, schémas de pensée et idées sur la façon de se comporter, sur ce qu'il est séant de dire et faire, etc. C'est le premier enseignement du voyage : montrer que d'« autres mondes » (c'est-à-dire ici d'autres façons de concevoir, vivre et façonner le monde) sont possibles.

Ces événements, rencontres, etc., sont certes limités, finis, et ne font pas monde en eux-mêmes, mais en tant qu'ils apparaissent comme l'index de tout un monde possible. Ils se donnent au voyageur comme la pierre de touche d'une altérité qui n'avait pas été envisagée, et autour de laquelle peut s'élaborer tout un monde, tout un *kosmos*, avec ses usages, sa cohérence propre … En ce sens, les rencontres et événements privilégiés qui font la saveur des voyages sont l'occasion d'une démultiplication des mondes. Le monde n'est plus seulement « mon » monde, celui qui « tourne rond » autour de ma personne et de mes habitudes ; il peut aussi être celui de l'autre.

Par ailleurs, par-delà cette démultiplication des mondes, le voyage, indiquons-le d'emblée, nous fait sans doute rencontrer *le* monde, dans la mesure, où, on l'a vu avec Nicolas Bouvier, l'autre monde possible ne m'est pas forcément toujours et tout à fait étranger. Le voyageur peut, en partie du moins, assumer son altérité, et quasi s'y reconnaître. C'est sans doute ce que dit le langage courant, lorsqu'il souligne que le voyage « élargit » notre vision du monde. Le monde qui se dresse ainsi en *vis-à-vis* du voyageur est celui qui pourrait également le comprendre, celui au sein duquel il pourrait avoir sa place.

L'expérience que nous avons décrite à partir des textes de Bouvier doit maintenant nous amener à essayer de comprendre cet « élargissement » du monde, et ce, dans toute son ambiguïté. Car l'élargissement ne peut sans doute pas se penser comme un processus simple. La lecture de Bouvier nous montre que l'élargissement de notre vision du monde ne doit pas être pensé sur le mode d'une « colonisation » progressive du monde, par intégration graduelle des autres mondes possibles, au fur et à mesure des voyages. Si *le* monde, dans son unicité, est possible, ce ne peut pas être sur la seule base d'une extension progressive de ce qui était le monde courant, propre au voyageur. Car le voyage, justement, *fait violence* à ce monde courant : la rencontre avec le monde étranger ébranle nécessairement le monde qui était celui du voyageur, en obligeant ce dernier à reconnaître qu'une décentration du monde est possible. Toute la question est celle de savoir comment le voyageur peut assumer cette décentration et si la possibilité d'*un* monde unique, par-delà la multiplicité des mondes qui se font jour, reste de mise.

La réponse à cette question va traverser tout cet essai. On peut déjà l'aborder en envisageant la troisième remarque que nous souhaitions faire : celle qui concerne les structures d'apparition du monde, tel qu'il se donne dans les récits du voyageur.

Rappelons tout d'abord ce qu'il en est de la donation du monde dans la phénoménologie husserlienne, pour mieux comprendre la particularité de ce qui se joue dans le voyage. Une des grandes thèses de la phénoménologie consiste à poser la possibilité du *phénomène* du monde : celui-ci n'est pas seulement l'idée de l'ensemble des objets au sein duquel nous vivons, percevons et agissons. L'unité et la cohérence du monde comme tel se donne en effet sous la forme d'un horizon *co-donné* avec la perception des objets particuliers, comme l'arrière-fond de ces perceptions particulières :

> Par l'ἐποχή universelle quant à l'existence ou à l'inexistence du monde, la phénoménologie ne nous a pas, en réalité, fait perdre le monde comme objet phénoménologique. Nous le gardons en tant que *cogitatum*, et cela non seulement quant aux réalités *particulières* visées et telles qu'elles sont visées, ou mieux, objectivées dans tels actes particuliers de la conscience. Car leur particularisation est une particularisation au sein d'un *univers*, univers dont l'unité nous « apparaît » toujours, même lorsque nous sommes tournés, dans la perception, vers le singulier. (...) À travers toutes les fluctuations de la conscience, cet univers, un et unique, (...) demeure comme le fond (*Hintergrund*) sur lequel se projette notre vie naturelle[1].

Autrement dit, pour Husserl, le monde, loin d'être ce qui est perdu dans la mise entre parenthèses de l'existence du monde naturel, « apparaît » au contraire dans une sorte de débord de l'objet perçu ; il se donne dans une « co-donation » avec chaque objet perçu, et même comme condition même de l'apparaître de cet objet, dans la mesure où toute intentionnalité perceptive implique l'anticipation et le débord du perçu. Autrement dit, le monde est « donné » *dans l'exacte mesure où* « toute intentionnalité implique un horizon »[2]. La subjectivité transcendantale joue

1. Husserl, *Méditations cartésiennes. Introduction à la phénoménologie*, trad. fr. G. Pfeiffer et E. Levinas, Paris, Vrin, 1992, p. 70-71.

2. *Ibid.*, p. 89.

évidemment un rôle central dans cette donation : le phénomène du monde est un horizon intentionnel, non perçu dans sa totalité effective, mais qui se donne, *dans son infinité*, comme relevant du sens pour la conscience, en corrélation avec le caractère infini de la vie pure de cette conscience[1].

Qu'en est-il maintenant de cette donation du monde dans le voyage ? Elle se caractérise avant tout par une forme d'étonnement qui relève de la structure d'horizon, et en un sens husserlien, et en un autre sens, légèrement différent.

En un sens husserlien d'abord, parce que l'on pourrait dire que le voyage fonctionne comme une sorte de rappel du caractère nécessairement inattendu de la donation phénoménologique du monde, tel que Françoise Dastur l'a mis en évidence[2]. Il nous faut en effet revenir sur le sens phénoménologique de l'anticipation et comprendre que celle-ci signifie moins l'assurance d'une donation préalable que l'assomption de la possibilité toujours présente de la surprise dans la donation d'objet. Selon la philosophe, il apparaît en effet, à travers la structure d'horizon de la perception, que :

> l'intentionnalité ne peut effectivement se déployer que là où l'attente ne sera jamais totalement comblée, l'intention jamais totalement « remplie » et la menace du non-remplissement jamais non plus totalement écartée, ce qui implique une ouverture à l'indétermination du futur et à ce que nous nommons en français « surprise », c'est-à-dire ce qui nous « prend » à l'improviste, et en allemand *Überraschung*, ce qui sur-vient soudainement (*rasch*) et apparaît donc comme absolument inanticipable[3].

1. « en effectuant la réduction phénoménologique dans toute sa rigueur, nous gardons à titre noétique le champ libre et illimité de la vie pure de la conscience, et du côté de son corrélatif noématique, le monde-phénomène, en tant que son objet intentionnel ». *Ibid.*, p. 71.

2. *Cf.* F. Dastur, « Phénoménologie de la surprise : horizon, projection et événement », *Alter, Revue de phénoménologie, La surprise*, n° 24, 2016, p. 31-46.

3. *Ibid.*, p. 34-35.

Dans la mesure où l'expérience courante se contente bien souvent de vérifier l'anticipation perceptive, en négligeant le caractère d'horizon de la structure perceptive et la possibilité fondamentale de l'inattendu qu'elle implique, le voyage apparaît d'une certaine manière comme ce contre quoi se « cogne » cette « foi perceptive »[1] qui voudrait voir en l'objet une totalité donnée une fois pour toutes, et à travers laquelle chacun s'attend à ce que le monde se vérifie dans une sorte de perpétuation continue.

Autrement dit, le voyage réveillerait le potentiel étonnant du monde et rappellerait la nécessité de l'étonnement jusque dans la perception d'objet. Ici encore, les formulations de Françoise Dastur nous paraissent essentielles :

> C'est cette confiance dans la continuité du devenir qui se voit profondément ébranlée dans le *thaumazein*, l'étonnement philosophique, tout comme dans la réduction phénoménologique, dans laquelle nous pratiquons l'*epokhè* et mettons ainsi hors circuit notre croyance en l'existence du monde[2].

Encore une fois, le voyage peut être considéré comme une expérience particulièrement à même de raviver ce lien entre horizon du monde et étonnement, dans la mesure où il heurte remarquablement l'anticipation.

Toutefois, par-delà ce rappel de la structure d'horizon propre à la perception – dans la continuité du commentaire que Françoise Dastur propose du texte husserlien –, il nous semble que le voyage fait aussi apparaître l'horizon de monde en un sens légèrement différent de celui qu'il prend chez Husserl, et qui vient en quelque sorte accentuer le heurt ou le hiatus dans la donation du monde.

1. Nous reprenons ici une formule de M. Merleau-Ponty, *cf. Le visible et l'invisible*, Paris, Tel-Gallimard, 1964, p. 17.

2. F. Dastur, « Phénoménologie de la surprise : horizon, projection et événement », art. cit., p. 35.

Commençons par formuler les choses ainsi : en voyage, l'horizon n'est plus cette ligne qui, malgré les éventuelles surprises de la perception, reste potentiellement continue et englobante. Le voyage implique en effet de porter l'accent sur le retrait de l'horizon : en voyage, l'horizon n'est pas ce qui *tire* la perception du sujet vers un remplissement de plus en plus complet (horizon d'objet) sinon le débord de l'objet (horizon de monde), mais plutôt ce qui *se retire*, au point de donner l'impression d'abandonner le sujet. En d'autres termes, l'horizon n'est plus cet arrière-fond *potentiellement* continu qui conditionne l'apparaître des objets, et qui constitue en quelque sorte le cadre habituel de nos perceptions et actions. Le voyage est en effet comme l'occasion d'une disjonction de l'horizon du monde, qui n'en continue pas moins à être possiblement un, nous forçant en quelque sorte à réajuster *fondamentalement* notre visée pour en saisir la cohérence. Une telle « disjonction » n'est évidemment pas sans conséquence et force à revenir conjointement sur la structure d'horizon du monde et la centralité de la subjectivité. Nous proposons d'analyser ces bouleversements à partir de la perte de familiarité qui se joue dans cette donation étonnante du monde.

L'apparition du monde, dans le voyage, implique bien une remise en question de sa familiarité. Le monde du voyage n'est pas le monde ambiant quotidien : qu'il étonne, séduise ou effraye, le monde qui se fait jour lorsque nous voyageons s'arrache à l'ordinaire. Notons d'ailleurs que c'est là ce qui occasionne une fréquente gaucherie du voyageur : celui-ci ne sait pas toujours comment se comporter, où se mettre, que penser du geste ou de la réponse de celui qui lui fait face. Le voyageur est parfois comme un enfant qui doit tout réapprendre, tant il a perdu ses repères.

Cet arrachement à la familiarité est perceptible dans la transformation de la structure d'apparition du monde qui s'est fait jour dans les textes de Bouvier évoqués plus haut : le monde perd sa structure environnante, englobante, pour se poser en vis-à-vis plus ou moins distant. Il cesse d'être un environnement familier, perdant ainsi un des aspects de cette « rondeur » dont Heidegger faisait une des caractéristiques du monde[1], pour se donner davantage dans une structure d'horizon particulière.

Car dans la phénoménologie husserlienne, le monde a beau se donner sous la forme d'un horizon, cet horizon n'en demeure pas moins englobant. Il nous suffit de tourner notre attention dans une autre direction pour voir surgir un autre objet, avec toujours à l'arrière-plan ce même fonds d'apparitions possibles. Pour le dire en un mot, l'horizon de monde pourrait se donner de façon panoramique, dans une composition qui se « compléterait » sans cesse, de manière infinie, dans la mesure où, on l'a vu, elle est liée à la perception d'objet et la relativité de notre point de vue.

Il semble en être autrement dans le cas du voyage : le monde surgit alors *devant* nous, dans une direction spécifique, liée à un ou plusieurs objets apparaissant réellement, et il semble difficile de le raccorder avec le reste de notre entourage ; ou plutôt semble-t-il se dresser tout entier devant nous, dans une configuration étonnante, comme s'il avait prodigieusement reculé, ou comme si nous nous en étions prodigieusement abstraits.

Comme Nicolas Bouvier devant ce parfumeur iranien lisant un poème, le voyageur découvre le monde parce qu'il cesse de lui appartenir simplement, pour se placer comme à son seuil. Le voyage n'est donc pas l'avancée du voyageur, son seul déplacement sur la terre. Au contraire presque : il fait apparaître

1. « … le monde a toujours, même si cette indication est aussi floue que possible, le caractère de l'entièreté, de la rondeur si l'on veut », Heidegger, *Les concepts fondamentaux de la métaphysique, op. cit.*, p. 412.

le monde dans une forme de recul, dont on ne sait exactement si c'est celui du voyageur (qui ferait un pas de retrait devant le spectacle du monde) ou l'éloignement du monde à l'horizon.

Autrement dit, si la notion d'horizon est toujours de mise pour caractériser le monde tel qu'il se donne en voyage, elle semble bien changer de sens par rapport à celui que lui donnait la phénoménologie husserlienne. L'horizon n'est plus l'arrière-plan infini de ma perception d'objet, atteint dans le decrescendo du discernement perceptif de mon regard ; il devient *le lointain* d'une manière tout à fait étonnante, qui n'a plus rien à voir avec la perte progressive du discernement. Car ce lointain n'est étrangement plus incompatible avec la proximité. Le lointain renvoie au vécu de la *séparation* avec ce qui émerge devant nous, aussi proche l'événement, la personne ou l'objet puisse-t-il sembler par ailleurs. Une distance prodigieuse semble tout à coup s'imposer – distance incommensurable à toute mesure (c'est la raison pour laquelle l'opposition courante du proche et du lointain n'a plus lieu d'être), et qui tient plutôt au caractère subitement hors de portée du « monde » qui nous apparaît.

Faut-il en conclure que le voyageur est hors du monde ? Il nous semble que la perte du monde ambiant (de l'environnement familier dans son caractère englobant) ne signifie ni la perte du monde, ni une exclusion radicale hors du monde. Souvenons-nous des analyses qui précèdent, et de l'étrange « effet de seuil » qui se faisait jour dans l'apparition de monde. Au seuil du monde, le voyageur est certes comme séparé du monde, mais, avons-nous dit, cette séparation est une séparation qui l'implique.

Comment donc comprendre le lien entre sujet et monde dans une telle expérience ? Il nous faut nous confronter au paradoxe d'une subjectivité qui serait en quelque sorte à la fois au centre et à la périphérie dans sa capacité empathique à envisager l'autre.

Arraché au monde ambiant, à l'environnement familier, le voyageur semble perdre sa centralité subjective. Rappelons en effet que pour Husserl, le sujet phénoménologique, en tant que chair, est un « centre d'orientation » absolu (*Der Leib als Orientierungszentrum*[1]), de sorte qu'il peut paraître inconcevable d'imaginer son quasi-retrait hors du monde dans l'expérience que nous cherchons ici à décrire. Reste que dans la structure d'horizon (au sens où nous l'envisageons maintenant) du monde propre au voyage, le sujet n'est pas exclu du monde et il ne perd sans doute même pas sa centralité en tant que principe d'orientation absolu. Quand bien même il apparaît au seuil de ce monde, le voyageur est celui qui n'en continue pas moins à orienter l'expérience, en posant le monde comme son « devant ». Autrement dit, le sujet reste sans doute central, dans sa périphérisation même.

Cet apparent paradoxe nous force à questionner le statut spatial du sujet et du monde, et à en souligner l'ambiguïté. Le « positionnement » apparent du voyageur – au seuil du monde – n'est évidemment pas tant une caractérisation locale réelle que l'indice de ce que l'on pourrait appeler une métaspatialité transcendantale.

D'abord, le centre *absolu* de l'espace que constitue la chair n'a aucune effectivité locale et ne correspond à aucun lieu réel. Si la chair est incarnation dans un corps objectif, ce corps objectif ne saurait exprimer la centralité *absolue* de la chair[2]. C'est d'ailleurs la raison pour laquelle Husserl note la difficulté qu'il

1. Husserl, *Idées directrices pour une phénoménologie et une philosophie phénoménologiques pures, Livre second, Recherches phénoménologiques pour la constitution, op. cit.*, p. 223.

2. « En ce qui concerne l'éloignement, il s'agit ici, objectivement, de l'être-plus-loin ou être-plus-près d'un objet qui acquiert son second point-de-relation en moi (...). Plus précisément, ce point-de-relation n'est pas le corps tout entier, il est placé dans la partie de celui-ci qui n'est pas vue, il se trouve quelque part dans la tête, dans l'œil ou derrière l'œil », Husserl, *Chose et espace. Leçons de 1907*, Paris, Puf, 1989, p. 271.

y a à localiser exactement le lieu à partir duquel nous voyons, par exemple, un objet devant nous : le « point » central à partir duquel nous voyons n'est pas plus dans la tête que dans les yeux ou l'arrière des yeux ... En tant que principe d'orientation dans l'espace (et donc à la source de toutes les localisations), la chair est donc elle-même non localisable. Le vis-à-vis du voyageur et du monde que nous décrivons connaît donc une ambiguïté spatiale assez remarquable en l'un de ses pôles : le centre à partir duquel le monde s'expose autour de nous n'apparaît pas lui-même de manière effective dans le champ de l'exposable.

À quoi il faut ajouter que le second pôle n'est pas moins ambigu : le monde, tel que nous l'avons envisagé jusqu'ici, semble se donner dans le champ de l'exposable tant il semble centré autour d'un lieu (une rue de Prilep), d'un objet (la viande d'un étal de boucherie) ou d'un événement (une soirée à Ceylan près d'un douanier et de ses amis égrillards, ou un commerçant lisant un poème). Mais si l'on parle de monde, et non simplement de lieu, d'objet ou d'événement, c'est en tant que ce lieu, cet objet ou cet événement apparaissent comme l'occasion d'une sorte de « recentration » du monde : le monde entier semble se reconfigurer à partir de ces éléments, qui sont alors autant de nouveaux *noyaux phénoménologiques* du monde.

Lorsque Nicolas Bouvier décrit les péripéties de son voyage, il donne ainsi à voir bien plus que des éléments objectifs : il décrit le rayonnement des phénomènes *dans sa capacité à faire ou refaire monde*. C'est ainsi que le monde de Ceylan est un monde cotonneux et doux, quand celui de Prilep, sous la maladie, semble noir et hostile.

Précisons en reprenant l'exemple évoqué dans *L'usage du monde* : considéré réellement, face à ce commerçant iranien dont il goûte le sens poétique, Bouvier reste bien sûr objectivement « dans » le monde, et tout ce qui existe derrière ou à côté de lui ne s'est pas réellement volatilisé. Il est même possible de le considérer comme centre du monde en tant qu'il pose ce monde comme vis-à-vis absolu. Mais ce monde connaît en quelque sorte un autre centre, celui que constitue l'événement de la lecture par le commerçant. En tant que centre du monde, cet événement déborde tous les éléments objectifs qui le composent (on peut imaginer le bureau devant lequel le commerçant est assis, la chaise qui le soutient, le livre qu'il lit, le quartier au sein duquel son commerce est situé, *etc.*). Il faut parler de monde, et non simplement d'une somme finie d'objets, dans la mesure où l'intensité de la concentration sur ces quelques éléments est telle qu'elle en fait un noyau irradiant de recomposition du monde. Tout ce qui entoure ce commerce est certes biffé dans la description objective qu'en donne Bouvier, cela n'en continue pas moins à exister dans le rayonnement de ce noyau phénoménologique. Autrement dit encore : un monde apparaît bien dans l'aura de ce noyau.

Il nous faut donc distinguer entre un centre-principe (le sujet comme centre d'orientation absolu) et un centre-noyau (les éléments du monde à partir duquel ce dernier peut se recomposer).

Ce dédoublement du centre peut d'abord s'envisager à travers la métaphore d'une aimantation : l'intensité phénoménologique du noyau visible est à la (dé)mesure de celle du regard charnel qui la soutient. En d'autres termes, la force avec laquelle le monde entier semble se recomposer à partir de ce noyau renvoie à celle du regard étonné, sinon fasciné, pour lequel l'apparition du monde se joue. La corrélation intentionnelle du sujet et du monde trouve une figure originale dans ce dédoublement du centre, qui est aussi un décentrement (du monde-ambiant quotidien) et une recentration (d'abord autour du noyau visible soutenu par le regard).

Pour le dire autrement, l'apparaître du monde, dans le voyage, révèle la capacité de décentration/recentration du sujet, comme à partir du centre de l'autre. Le voyage révèle parfois une telle altérité, une telle étrangeté du monde, qu'il entraîne le sujet dans une assomption de l'autre qui est comme un partage du centre. Si donc le sujet semble reculer devant l'intensité d'une recomposition centrée du monde, c'est qu'il est capable d'envisager le centre de l'autre et de le soutenir, à partir de sa propre centralité.

Pour conclure sur ce bouleversement de l'apparaître du monde – du monde-ambiant au monde-horizon – il importe de bien comprendre le statut de l'écriture pour mettre en relation cette capacité de décentrement-recentrement avec son processus même. L'association de l'écrivain et du voyageur, selon nous, n'est pas anodine, mais bel et bien essentielle. Écrire et voyager sont comme les deux faces d'une même médaille, et découvrir le monde, c'est (comme) l'écrire.

C'est ce que nous avons voulu suggérer en présentant Nicolas Bouvier à la fois comme « apparisseur » et « apparhéteur » du monde. Ces deux figures de la subjectivité sont évidemment intimement liées : sans doute le monde peut-il apparaître à Nicolas Bouvier parce qu'il l'écrit. Le décalage ou décentrement que nécessite l'apparaître du monde se joue dans l'écriture, non seulement en tant qu'elle implique un décalage temporel (Bouvier écrit après coup, souvent à partir de notes, parfois des années après l'événement qu'il narre), mais encore, et plus essentiellement, en tant que l'écriture peut se comprendre comme l'analogie d'une forme de réduction phénoménologique. Narrer et décrire, dans un récit de voyage, c'est en effet opérer un décentrement/recentrement qui correspond au dédoublement en spectateur phénoménologique dont parle Husserl :

> Si nous disons du moi qui perçoit le « monde » et y vit tout naturellement, qu'il est *intéressé au monde*, alors nous aurons, dans l'attitude phénoménologique modifiée, un *dédoublement du moi* ; au-dessus du moi naïvement intéressé au monde s'établira en *spectateur désintéressé* le moi phénoménologique [1].

Voyager et écrire, c'est devenir ce spectateur désintéressé, c'est cesser d'appartenir immédiatement au monde, d'agir, pour se regarder voir et laisser surgir le vis-à-vis du monde.

Cette médiation n'est pas seulement temporelle : à la limite, avant même d'écrire réellement tel passage, de le coucher sur le papier, au moment même, donc, où il est simplement spectateur et s'émerveille d'entendre ce commerçant iranien réciter un poème, Nicolas Bouvier *écrit* car il se place comme en surplomb de lui-même, dans l'observation étonnée et amusée de la scène. Autrement dit, le voyageur, quand bien même il ne publie rien, est pour nous toujours un écrivain : il se dédouble, se voit voir et se raconte ce spectacle du monde, parfois au moment même où il le voit apparaître.

1. Husserl, *Méditations cartésiennes*, *op. cit.*, p. 68.

chapitre 4
nouveau départ : se perdre en voyage, ou l'involution dans un regard

Il peut paraître surprenant d'insister, comme nous le faisons, sur la capacité du voyageur à conserver sa position centrale dans sa « périphérisation » même. Car, à lire Nicolas Bouvier, le voyage n'apparaît pas tant comme l'occasion de célébrer la puissance de la subjectivité que celle de constater son amoindrissement sinon sa disparition. Mais encore faut-il comprendre la nature d'une telle « disparition ».

Il est clair que le recul devant le monde par quoi nous avons paradoxalement caractérisé le voyage implique autant un recul sur soi (dédoublement du spectateur phénoménologique) qu'un recul du soi. La manifestation du monde peut en effet être de nature esthétique (son spectacle nous en impose), moral (dans la révélation d'un spectacle moral tout aussi remarquable) et/ou critique (elle révèle la contingence de certaines croyances ou présupposés tenus pour indéniables ou naturels). Dans tous les cas, le voyage apprend à sortir de soi, de « l'entre-soi », pour envisager la possibilité de l'autre. Ce faisant, il élargit le « soi », ou plutôt en révèle la plasticité. D'abord parce que ce soi ne se réduit pas au corps en mouvement et à son inscription sociale tant il se donne alors comme chair, et notamment comme regard charnel. Un regard charnel qui apparaît ensuite à même d'épouser le spectacle du monde, d'en apprécier la possibilité sinon la nécessité, aussi lointain puisse-t-il demeurer.

Précisons : ce recul propre au voyage connaît sans doute différentes déclinaisons : de la révélation légère et amusée (ainsi Bouvier s'amuse-t-il d'une coutume japonaise, la semaine de « la prévention criminelle », dont l'efficacité semble peu avérée[1]), au véritable choc esthétique ou moral (nous y reviendrons). Il peut par ailleurs être obtenu de façon assez immédiate et heureuse ou au contraire passer par un long travail de sape. Ainsi, dans ses *Carnets du Japon*, Nicolas Bouvier affirme :

> Le voyage ne vous apprendra rien si vous ne lui laissez pas aussi le droit de vous détruire. C'est une règle vieille comme le monde. Un voyage est comme un naufrage, et ceux dont le bateau n'a pas coulé ne sauront jamais rien de la mer. Le reste, c'est du patinage ou du tourisme[2].

On voit ici à quel point la tension vers l'avant ne saurait être conçue comme progression géographique et le voyage comme accumulation d'expériences : le voyage n'est pas le déplacement d'un individu, pas même un dépaysement pour le voyageur, mais bel et bien sa transformation, sinon sa perdition. Il ne se conçoit pas dans une logique de capitalisation (un gain d'expériences), mais implique une perte.

Comment comprendre cette perte ? Elle prend sans doute différents aspects. Tout d'abord, dans *L'usage du monde*, Nicolas Bouvier et Thierry Vernet se voient littéralement fondre : l'épuisement, la maladie, les repas parfois clairsemés et frugaux leur font

1. *Cf.* N. Bouvier, *Le vide et le plein. Carnets du Japon. 1964-1970*, Paris, Folio-Gallimard, 2015, p. 47.
2. *Ibid.*, p. 221.

perdre du poids. Non que le voyage se définisse par une ascèse ; au contraire, la nourriture y joue un rôle essentiel et il suffit, pour s'en convaincre, de rappeler la proximité étymologique entre le voyage et le viatique, et de se souvenir des très nombreux passages qui font des repas un élément essentiel de la découverte des cultures et des personnes, ainsi que ceux qui décrivent le bonheur des festins qui ont ponctué le chemin. Toutefois, l'effort, la fatigue, la maladie et l'amaigrissement qui en résulte ne sont pas à considérer comme de simples symptômes physiologiques, et même s'ils ne sont pas recherchés, ils ont un sens profond pour le voyageur, tant ils modifient son rapport au monde sinon son être même. Dans son *Journal d'Aran*, Bouvier note ainsi combien la « fatigue de la marche rend poreux, ouvert au langage d'un lieu »[1]. L'épuisement n'est donc certes pas voulu – il n'est que subi[2] –, mais constitue bel et bien une expérience dont le sens doit pouvoir s'envisager, notamment pour sa résonance avec cette disparition du voyageur que nous cherchons maintenant à caractériser. Il crée en effet une absence à soi qui peut s'avérer féconde, quoique parfois violente. Ainsi, dans *Le poisson-scorpion*, le séjour de Nicolas Bouvier dans un dispensaire – il est alors accablé par la fièvre – constitue un passage assez remarquable, presque surréaliste tant il fait ressentir les intermittences de la conscience, des absences à soi formidablement entrecoupées de visions du monde qui l'environne et notamment de ses voisins de chambrée : « à travers l'ouate de la fièvre, je vois ces vieux visages ahuris s'allumer comme des gares[3] ». Cette fécondité de la maladie ou de la fatigue est toutefois loin d'être toujours

1. N. Bouvier, *Journal d'Aran et d'autres lieux. Feuilles de route*, Paris, Payot, 1993, p. 130.

2. Ainsi, dans *L'usage du monde*, Bouvier constate : « On s'épuisait à grelotter. Nous perdions du poids », pour aussitôt ajouter : « Le rêve n'était plus de manger bien mais de manger gras », *op. cit.*, p. 161.

3. N. Bouvier, *Le poisson-scorpion*, *op. cit.*, p. 51.

aussi immédiate. Elle peut véritablement arrêter le voyageur et l'entraîner dans une dépression, dont il faut alors entendre le sens littéral : le sentiment d'être emporté dans un trou d'air, aspiré par le vide. François Laut, biographe de Nicolas Bouvier, rappelle la fréquence de ces épisodes dépressifs :

> parfois ce ne sont que de brèves plongées angoissantes d'où l'on se relève plus riche et calme, où l'on se met à bouillonner, où l'on sort dans la rue avec l'impression de rouler les gens, de préparer des bombes ... Mais souvent c'est l'abrutissement complet, l'immobilité absolue et l'impossibilité de quoi que ce soit, particulièrement d'écrire[1].

L'avancée du voyageur ne va donc pas sans cette chute au-dedans de soi, qui, on l'a dit, est autant recul sur soi que recul du soi : une sape profonde de ce qui se donnait comme subjectivité. Et à lire la biographie écrite par François Laut, on réalise combien il faut prendre cette menace de la chute au sérieux. L'avancée d'un voyageur comme Nicolas Bouvier est un :

> conflit douloureux car il s'enracine dans une noirceur intime. Cet homme qui avait de l'humour, qui revendiquait la gaieté comme principe, autant que le courage, n'a jamais cessé de penser la mort dans la vie[2].

Au-delà de la complexion psychologique propre à l'individu, il y a là une difficulté qui nous paraît essentielle à la compréhension du voyage comme avancée paradoxale. Il nous reste donc à préciser ce qu'il en est de ce travail de sape, de cette « destruction » du voyageur qui caractérise le voyage, et à comprendre comment le plaisir de la découverte et la menace de la perte peuvent constituer de si dissemblables conjoints. Pour ce faire, il nous paraît nécessaire d'analyser plus avant la spécificité du regard

1. F. Laut, *Nicolas Bouvier. L'œil qui écrit*, Paris, Payot, 2010, p. 62.
2. *Ibid*., p. 14.

charnel à l'œuvre chez le voyageur : il nous semble en effet que la perte du voyageur doit, dans un premier temps, s'envisager comme involution dans un regard.

Nul doute que le voyage soit une aventure du regard. Nicolas Bouvier, qui se disait lui-même « follement visuel »[1], est un écrivain-voyageur dans sa capacité à nous faire partager ce regard, au point que son biographe le dépeint en « œil qui écrit »[2]. De fait, en voyage, le nouveau, l'insolite et l'étrange appellent le regard, et même les activités les plus rébarbatives (faire ses courses dans un supermarché par exemple) peuvent devenir distrayantes. Le regard trouve partout et facilement une nouveauté à même de soutenir son intérêt.

Mais ce regard – qui n'est encore que celui de la curiosité – doit être précisé pour bien comprendre ce qui s'y joue de spécifique en voyage. À la lecture des livres de Nicolas Bouvier, deux de ses caractéristiques semblent d'emblée pouvoir être signalées : l'une concerne sa temporalité, l'autre sa netteté.

Bien plus que l'exotisme ou l'éloignement géographique, c'est une condition temporelle qui caractérise selon nous le voyage, tout autant que le type de regard qui lui est propre. Voyager implique le temps long. Mieux : un temps indéfini. Non que la durée du voyage doive nécessairement se compter en nombreuses semaines, en mois sinon en années. C'est plutôt qu'il requiert une forme de disponibilité. Il demande sans doute de la latitude dans son organisation, voire une indétermination quant à sa durée, mais surtout, il exige une véritable ouverture – une *vacance* –, afin de permettre, si le cœur en dit au voyageur ou si la nécessité l'impose, de s'attarder, de s'appesantir. Le voyage réclame donc une forme de dérèglement du temps tel qu'on le

1. C'est F. Laut qui attire notre attention sur cette déclaration de N. Bouvier en la mettant en exergue de sa biographie (*Ibid.*).

2. C'est là le sous-titre de sa biographie (*Ibid.*).

connaît ordinairement dans nos existences pressées (ces horaires fixés, cette urgence continue, cette anticipation qui ne souffre aucun accident ...). Et si les voyages de Bouvier séduisent tant, sans doute est-ce justement parce que s'y affirment le plaisir et la nécessité de traînasser : « Fainéanter dans un monde neuf est la plus absorbante des occupations »[1]. Or, ces épisodes de relâchement sont toujours décrits comme des moments de contemplation :

> J'étais dans un café de la banlieue de Zagreb, pas pressé, un vin blanc-siphon devant moi. Je regardais tomber le soir, se vider une usine, passer un enterrement – pieds nus, fichus noirs et croix de laiton. Deux geais se querellaient dans le feuillage d'un tilleul. Couvert de poussière, un piment à demi rongé dans la main droite, j'écoutais au fond de moi la journée s'effondrer comme une falaise. Je m'étirais, enfouissant l'air par litres. Je pensais aux neuf vies proverbiales du chat ; j'avais bien l'impression d'entrer dans la deuxième[2].

Le temps long qui caractérise le voyage s'inscrit dans le type de regard qu'il permet. Ici, le regard du voyageur s'installe bel et bien dans la durée : il prend son temps et se gorge de temps (« au fond de moi », « enfouissant » suggèrent cette aspiration). Il n'est pas tendu vers l'action et observe les choses les plus anodines avec un étonnement et une pénétration qui les arrachent à l'insignifiance. Parmi les qualités littéraires de Bouvier, on a souvent souligné sa capacité à croquer, avec une remarquable économie, les situations les plus diverses. Ici, en quelques lignes, les choses apparaissent : un café, une rue, une ville, une situation, un moment, un état de l'âme et du corps. Tout le paradoxe de cette temporalité réside alors dans la tension entre la fugacité des impressions visuelles (les visions de la sortie d'usine ou de l'enterrement) et leur « éternisation » dans une perception qui

1. N. Bouvier, *L'usage du monde*, *op. cit.*, p. 14.
2. *Ibid.*, p. 10-11.

est comme immédiatement relayée par la mémoire : les choses passent, mais le regard demeure et offre son ancrage. Installé sur sa chaise, dans ce café, Nicolas Bouvier donne ainsi l'impression d'être exactement à sa place, là où il doit être, avec la même fixité nécessaire que le verre de vin posé sur sa table. Le voyageur s'enfonce dans le plaisir et le réconfort de la boisson, comme le monde visible s'enfonce, s'enfouit dans le voyageur. Les lumières peuvent varier, le soir baisser, la rue se remplir et se vider régulièrement, le voyageur reste le repère nécessaire et immobile de ce monde et peut consacrer les choses, ou du moins certaines d'entre elles. Le temps du monde naturel (la succession réglée des événements, leurs déterminations causales) disparaît alors au profit de seules impressions détachées[1], parfois totalement décousues. Là encore, donc, une perte semble s'imposer, celle d'une continuité temporelle réglée sur les lois de la succession. On sent en effet cette ligne temporelle s'alourdir, se gorger de temps au point de devenir poreuse et d'éclater en laissant goutter quelques billes d'éternité. Lorsque l'écrivain dit écouter l'effondrement de la journée au-dedans de lui-même, il nous emmène avec lui dans cette dépression temporelle et nous fait sentir cette implosion heureuse de l'expérience.

Le regard doit ensuite être caractérisé par une certaine forme de netteté. D'abord, on peut remarquer qu'une discontinuité analogue à celle que nous avons soulignée marque le champ de vision. Le regard ne livre pas la totalité du champ perceptif et conserve le plus souvent son caractère d'esquisse, quoiqu'en un sens particulier : la succession des esquisses est moins progression continue que discontinuité heuristique.

1. F. Laut, dans sa biographie, cite une lettre de Thierry Vernet à son ami dans lequel il demande à ce dernier de ramener « de belles moissons d'impressions », *cf.* F. Laut, *Nicolas Bouvier. L'œil qui écrit*, *op. cit.*, p. 26.

La perception oscille en effet entre le flou et le net, ou plutôt révèle un contraste saisissant, une véritable discontinuité entre les zones de grande netteté et le vide qui les sépare : le regard s'arrête en effet sur un certain nombre d'objets qui apparaissent avec une netteté d'autant plus grande que l'espace qui les sépare reste indistinct sinon inexistant.

C'est ainsi que, dans un poème[1] qui évoque une promenade dans un paysage japonais, N. Bouvier juxtapose bientôt des formes verbales sans pronom (le « Je » qui ouvre le poème disparaît rapidement) et résorbe l'expérience en une suite d'images et d'apparitions. La disparition du voyageur n'est donc pas sans lien avec l'apparaître du monde, qui repose en grande partie sur un procédé d'énumération.

S'il est des énumérations qui finissent par égarer, qui font oublier les objets dans leur particularité tant elles les fondent dans la mêlée de leur succession et leur rythme entraînant, pour N. Bouvier l'énumération semble davantage un moyen de faire se détacher les choses les unes des autres, de les cerner, de les projeter au-devant du regard, dans une sorte de premier plan abstrait où elles étincellent de pure phénoménalité. Le paysage perd ainsi sans doute sa construction objective, sa logique (on passe subitement d'ici à là, du petit au grand, d'une grenouille à une montagne), mais il gagne une évidence remarquable, et dans l'évocation de certains de ses éléments (les trois montagnes qu'il évoque, notamment, se dessinent avec une parfaite clarté, comme le profil d'un étrange chameau), et dans son atmosphère générale.

Tout se passe en effet comme si cette écriture du détachement, du détail, parvenait, dans le processus même du détachement, à faire saisir le tout. Soit que le détail résonne par sa puissance

1. N. Bouvier, *Le dehors et le dedans*, Carouge-Genève, Zoé, 1997, p. 36.

métonymique, soit que le tout s'*inter-dise* à travers la succession des détails. Sur ce point encore, Nicolas Bouvier nous apparaît comme un remarquable phénoménologue : il fait surgir l'horizon d'un monde dans l'aura des phénomènes. Malgré leur discontinuité, les impressions visuelles, en raison de l'intensité et de la netteté qui les caractérisent chacune, suggèrent en effet l'unité : ce qui distingue chacune de ces impressions est aussi ce qui les rapproche et impose l'expérience du monde comme *possibilité éclatante de la coexistence malgré la diversité.*

Quel est l'effet de ces deux caractéristiques (inscription dans la durée, netteté des phénomènes) propres au regard du voyageur ? Il semble qu'elles lui permettent d'atteindre une rare lucidité, en le portant à ses limites :

> Après la fournaise de la route Salonique-Alexandropolis, le bonheur que c'est de s'asseoir devant une nappe blanche, sur ce petit quai aux pavés lisses et ronds. Pendant un instant, les poissons frits brillent comme des lingots dans nos assiettes, puis le soleil s'abîme derrière une mer violette en tirant à lui toutes les couleurs.
> Je pense à ces clameurs lamentables qui dans les civilisations primitives accompagnaient chaque soir la mort de la lumière, et elles me paraissent tout d'un coup si fondées que je me prépare à entendre dans mon dos toute la ville éclater en sanglots.
> Mais non. Ils ont dû s'y faire[1].

La lucidité surgit ici de la justesse des comparaisons et des métaphores, dans la puissance de leur effet d'entraînement. Le lecteur acquiesce au texte tant il voit avec l'auteur, plisse les yeux devant l'éclatante réflexion de la lumière du soleil sur les écailles de poisson. Il lui semble pouvoir lui-même assister à ce coucher de soleil qui siphonne les couleurs du monde et cesse d'être un événement de la nature pour s'auréoler d'une consécration à la naïveté quasi-primitive. L'ironie finale ne ternit en rien cette

1. N. Bouvier, *L'usage du monde*, *op. cit.*, p. 79-81.

vision : l'écriture de Nicolas Bouvier nous semble ramener le lecteur vers ce « contact naïf avec le monde »[1] que recherchait un phénoménologue comme Merleau-Ponty, dans la mesure où les choses apparaissent ici avec une simplicité phénoménale qui les situe en deçà de leur reconnaissance raisonnée.

Il importe toutefois de nuancer ce rapprochement et de remettre en question l'utilisation du terme de « contact », fût-il naïf, tant s'impose au contraire la séparation. Celle-ci s'indique notamment dans une autre caractéristique essentielle du regard du voyageur, l'éblouissement, qui n'est pas sans lien avec le paradoxe du recul à l'œuvre dans le voyage. La lecture d'un poème comme *Printemps kurde*[2] fait ainsi apparaître l'impossibilité d'avancer et l'exacerbation du regard comme des conséquences de l'éblouissement ressenti devant le spectacle du monde. Tout se passe comme si le voyage, essentiellement ramené à une aventure du regard, trouvait son apogée dans une sorte d'aveuglément, dans une impossibilité d'avancer qui tend tout autant vers l'impossibilité de voir. Pour le dire autrement, le voyageur avance pour voir, pour voir davantage, pour mieux voir, jusqu'à n'en plus pouvoir, ni avancer ni voir. Le regard du voyageur le porte donc à la limite de lui-même, jusqu'à l'enlever à lui-même.

C'est là ce qui transparaît encore dans une expérience évoquée dans le *Journal d'Aran*. Devant le spectacle d'une tempête hivernale, le voyageur est en effet comme arraché à lui-même, d'abord parce qu'il est renvoyé à sa mémoire. La façon dont une vague passe sous la banquise et la brise le ramène en effet subitement au souvenir d'une photographie très ancienne :

1. M. Merleau-Ponty, *Phénoménologie de la perception*, Paris, Tel-Gallimard, 1992, p. II.

2. N. Bouvier, « Printemps kurde », dans *Le dehors et le dedans*, *op. cit.*, p. 23.

> Elle représentait un psychiatre, dans une clinique de Moravie, qui plongeait en état d'hypnose une paysanne en fichu en frappant de son stylo le bord d'un verre de cristal. J'ai entendu le tintement de la plume, revu la femme verte amarrée à son landau comme une statue de pierre, et suis tombé dans un « quasar » ... [1].

On voit bien ici comment la disparition du voyageur se relie à l'aventure du regard. Le spectacle pourrait être celui d'une simple vague, quoique remarquable par son intensité ; elle devient véritable phénomène sous le regard du voyageur qui l'arrache à la continuité des événements du monde et lui confère pareille capacité d'arrachement. À la fois de l'ordre du surgissement (elle rompt l'équilibre des choses) et de la durée (le regard l'éternise en la décrivant et elle troue l'expérience pour une durée indéterminée), cette vague ne se contente pas de fissurer la glace : elle emporte avec elle le voyageur dans les lézardes du libre cours de ses représentations. Cet emportement n'est pas décrit comme un événement du monde naturel mais comme une véritable énigme que, faute de mieux, on ramène à un concept-limite de l'astronomie, celui de quasar, sans doute autant invoqué ici pour son intensité lumineuse (il s'agit de décrire l'éblouissement du visible) que pour son lien avec les trous noirs (le voyageur a été comme englouti).

Le voyageur s'est donc bien porté ici à sa limite, jusqu'à l'évanouissement du regard et de la continuité de l'expérience. Il est notamment remarquable de voir comment on glisse de la perception « réelle » (la vague, d'emblée prise dans une complexion temporelle qui l'arrache à sa réalité) à un souvenir d'image qui offre au voyageur une netteté sensible aussi forte qu'une perception réelle (il lui semble véritablement voir le psychiatre et la patiente de la photographie, et il entend le tintement du stylo avec la même acuité ...). Le regard bascule

1. N. Bouvier, *Journal d'Aran*, *op. cit.*, p. 22-23.

donc en un éclair de la perception au souvenir, tout comme il déborde l'ordre de la sensation visuelle et devient synesthésique.

Il bascule ensuite encore dans un autre registre – celui de la comparaison scientifique avec le quasar –, et la suite du texte est tout aussi étrange : le voyageur revient subitement à la réalité, mais il se retrouve ailleurs, dans un contexte sans commune mesure (la sortie d'un grand magasin), et il semble s'étonner lui-même du prosaïsme de sa nouvelle situation (il ironise sur ses achats de vêtements) après un si grand mystère.

Certes, ce retour au réel peut se comprendre (le voyageur a fait l'emplette des vêtements nécessaires pour se changer et combattre le froid) et la logique peut sans doute être reconstituée. L'expérience reste surprenante tant la discontinuité n'en continue pas moins de l'emporter. Ajoutons d'ailleurs qu'il ne s'agit sans doute pas plus de construire ou de reconstruire une continuité symbolique : de la vague qui saisit le regardeur au médecin qui hypnotise, une capacité analogue à méduser semble structurer le récit, mais, là encore, cette logique symbolique ne surmonte pas le caractère essentiel de la discontinuité.

Que s'est-il passé exactement ? Plutôt que de reconstituer la suite logique ou symbolique des événements, il faut justement comprendre qu'une telle suite peut se fissurer dans l'éblouissement du visible. Si donc ce qu'on appelle parfois « choc visuel » ou « choc esthétique » a un sens dans le voyage, il faut donner à ce « choc » une intensité qui le rend incommensurable au simple « plaisir des yeux », fût-il très grand, et remettre en question, d'une façon assez surprenante, la possibilité même d'un contact dans la compréhension de ce choc : le voyageur, au contraire, va de rupture en rupture, de discontinuité en discontinuité, sans pourtant cesse d'affirmer la possibilité de l'unité.

chapitre 5
nouvel arrêt : la possibilité d'un monde

Comment comprendre l'affirmation de cette unité ? Comment le regard du voyageur peut-il « faire monde », se donner le phénomène du monde comme tel s'il l'éclate en autant de chocs visuels discontinus ? Il nous faut maintenant compléter le travail entamé plus haut et préciser en quoi la démultiplication des possibilités de mondes n'entrave pas la possibilité d'*un* monde.

On a vu que le voyage pouvait être l'occasion de confrontations avec une multitude sinon une infinité de mondes possibles. Mais, on l'a dit, derrière ce « gain » apparent (l'affirmation d'une pluralité sinon d'une infinité de mondes) pourrait se jouer une perte plus fondamentale : l'impossibilité de penser *le* monde comme tel et notamment le rassemblement dans un tout qu'implique la notion. On peut reformuler le problème à partir des analyses qui précèdent : *le* monde comme tel est-il possible, si son centre-noyau se trouve partout et nulle part, dans la rencontre avec un vieillard armé et jovial, la vision d'une montagne ou une nuit de fièvre à Ceylan, etc. ?

Une première réponse à cette question consisterait à se contenter de relativiser cette perte du monde. C'est ce que permet l'argument avancé par Husserl dans le paragraphe 49 des *Idées directrices*. La phénoménologie peut parfaitement assumer qu'aucune concordance globale ne surmonte les conflits apparents entre nos perceptions et que l'unité du monde soit ainsi perdue :

> *l'être de la conscience*, de tout flux de vécu en général, *serait certes nécessairement modifié par un anéantissement du monde des choses, mais ne serait pas atteint dans sa propre existence*[1].

Pour Husserl en effet, il faut distinguer entre le mode d'être *absolu* de la conscience et le mode d'être du monde spatio-temporel, qui ne peut être que dérivé.

Mais une telle réponse, aussi affirmative et radicale soit-elle, manque sans doute notre problème. Car la question n'est pas tant celle de savoir si le voyageur peut « survivre » à cet éclatement du monde que la suivante : comment comprendre que l'unité du monde demeure de mise alors même que la confrontation avec l'étrangeté a fait voler en éclat la familiarité du monde qui était le nôtre jusque-là ? Comment comprendre que l'on puisse accueillir cette étrangeté, dans toute sa diversité ? L'assumer ?

Indiquons d'emblée la perspective que nous allons suivre. Comprendre la possibilité d'un monde implique de saisir à nouveaux frais la particularité du regard qui nous le donne. Le « regard » que nous avons décrit ne doit pas se comprendre sur le modèle de la perception visuelle d'objet : le regard sur le monde n'est pas une perception qui progresse et se complète au fur et à mesure de l'expérience. Ce regard doit davantage se comprendre comme une tension charnelle à même d'instituer *le* monde comme tel : pour reprendre la belle formule proposée par Éliane Escoubas, nous dirons qu'à travers ce regard, la chair

1. Husserl, *Idées directrices pour une phénoménologie pure et une philosophie phénoménologique*, *op. cit.*, p. 149-150.

est bien « le commencement du monde »[1], quand bien même le monde, ici, n'est pas à entendre comme *Umwelt*, mais davantage dans une structure de vis-à-vis.

Pour nous en convaincre, revenons à la distinction évoquée plus haut pour comprendre que la démultiplication des *centres-noyaux* ne saurait remettre en cause l'unité du *centre-principe* que constitue la chair. La multitude (sinon l'infinité) *des* noyaux de mondes possibles n'est pas incompatible avec la possibilité *du* monde absolument centré sur le voyageur. Ce que l'on peut préciser en revenant à la distinction husserlienne entre le mode d'être de la conscience et celui du monde spatio-temporel : la démultiplication des mondes spatio-temporels perçus, centrés sur des noyaux phénoménologiques divers, ne remet pas en cause la possibilité d'un monde « absolu », non perçu dans sa totalité, mais donné parce qu'*ordonné* par la conscience. L'unité du monde ne se donne ni dans une perception graduelle, ni dans une simple « vue de l'esprit », *mais dans l'épreuve de la centration absolue*, alors même que le monde s'offre comme en vis-à-vis du sujet. Autrement dit, cette unité du monde se donne paradoxalement dans une sorte de regard sur soi, comme centre *du* monde absolu, à l'occasion du regard sur la possibilité *d'un* monde autre.

Si donc on peut phénoménologiquement affirmer l'existence d'un monde « absolu », son phénomène demeure éminemment paradoxal tant il n'apparaît pas à proprement parler ; il ne se

1. Nous citons ici l'avant-propos de la traduction qu'É. Escoubas a donné du second livre des *Idées directrices* : « l'« expérience originaire » est celle de l'entrelacement, de l'intrication de la chair et du monde » tel est le sens de l'*Umwelt*, identité du *site* et du *monde* – il n'y a pas de *Welt* hors de l'*Umwelt*. La chair – *Leib* – est ce qui excède le corps comme *Körper*, et cet excès est ce par quoi le monde *commence : la chair est le commencement du monde* » dans Husserl, *Idées directrices pour une phénoménologie et une philosophie phénoménologique pures, Livre second, Recherches Phénoménologiques pour la constitution*, *op. cit.*, p. 14.

donne qu'indirectement, ou co-apparaît, à travers le vécu de la centration subjective. Autrement dit, on ne peut phénoménologiquement affirmer l'existence d'un monde absolu que parce que l'on peut décrire l'épreuve de la centration charnelle absolue.

Mais si la phénoménalité de ce monde « absolu » demeure aussi problématique, pourquoi chercher à la décrire ? Et pourquoi distinguer et articuler ce « monde absolu » et ces mondes multiples et secondaires ? C'est qu'il nous semble que cette distinction est impliquée dans la description phénoménologique de la découverte du monde, telle que nous l'avons conduite dans le sillage de Nicolas Bouvier. Nous l'avons dit, chaque fois que le voyageur est confronté à une reconfiguration de monde autour d'un nouveau noyau, il affronte une altérité qui l'implique malgré la séparation. Et si ce noyau et le monde qui l'entoure semblent reculer prodigieusement, ce recul le laisse paradoxalement comme « au seuil » du monde. Le voyageur reste donc au seuil d'un monde qui se dresse pourtant tout entier devant lui. C'est que ce monde, aussi infini paraisse-t-il dans son rayonnement et l'indétermination de ses limites, ne peut être que partiel et secondaire (en tant qu'il est lié aux objets qui en constituent le centre), et que le seuil depuis lequel son apparition a lieu est, ou plutôt *correspond* au centre d'un autre monde, qu'il faut qualifier d'absolu. En ce sens, l'apparition d'un monde secondaire se fait comme « au sein » du monde absolu, et le centre peut bien se trouver au seuil ou à la périphérie.

Si donc le voyage est une découverte du monde, il l'est à un double titre. Il fait apparaître des configurations de mondes, plus ou moins étranges et saisissants, au gré des pérégrinations du voyageur ; mais il fait aussi « apparaître » ou, mieux, co-apparaître *le* monde comme tel, tant il semble au voyageur que ces configurations, aussi diverses et incompatibles soient-elles, peuvent et doivent être, malgré la diversité sinon l'incompatibilité apparentes. En ce sens, *le monde est l'ordre de compossibilité que profère la conscience incarnée quand elle accueille favorablement ce qui semblait lui échapper.*

Précisons : c'est la faveur avec laquelle le voyageur regarde et accueille l'altérité qui nous semble ici présupposer cette possibilité d'*un* monde. Le paysage inconnu, la coutume surprenante, le comportement fantasque – voire hostile –, rien ne semble pouvoir être rejeté totalement hors du monde. Un regardeur comme Nicolas Bouvier fait montre d'une remarquable capacité à s'émerveiller et littéralement com-prendre ce qui n'est pourtant pas compréhensible par l'individu qu'il est, faisant ainsi apparaître l'ordre du monde malgré l'apparent éclatement des mondes.

Comment donc comprendre cet ordre? On peut d'emblée indiquer la distinction suivante : la « logique » à l'œuvre dans la reconnaissance de l'ordre n'a rien à voir avec celle de la connaissance. L'étrangeté ou l'altérité n'est pas un problème à résoudre ou à surmonter. En d'autres termes encore, il ne s'agit pas de « restaurer » l'ordre ancien, de vérifier la possibilité logique par-delà une apparence de paralogisme, mais plutôt d'assumer immédiatement la possibilité d'un ordre autre.

Comment s'opère cette assomption de l'ordre? Nulle violence dans son imposition, notamment parce qu'elle relève d'une sorte d'autonomie et de faveur du regard. L'ordre s'impose sans contrainte, difficulté ni labeur, avec une aisance et une immédiateté qui surmontent toutes les contradictions qui pourraient apparaître. À cet égard, il nous semble possible de penser l'ordre du monde en lien avec l'ordre architectural, tel que nous avons pu le définir ailleurs[1].

1. *Cf.* notre précédent essai, *L'architecture au subjonctif, op. cit.*, p. 193 *sq.*

Cet ordre, selon nous, ne relève pas d'une forme spatiale particulière, mais renvoie à une sorte de souveraineté dans le rapport de la conscience à l'espace. Là même où nous nous étonnons par exemple de voir telle place au débouché de telle rue, ou telle pièce apparaître en poussant la porte d'une maison, là même où la fortune semble avoir gouverné la forme d'une ville ou l'aménagement d'un bâtiment, nous sommes (parfois) capables de déceler un *ordre* architectural, une cohérence qui surmonte, comme magiquement, les surprises sinon les contradictions. L'ordre du monde, tel que nous cherchons maintenant à l'envisager, fait état d'une force encore plus remarquable : il ne s'agit pas seulement d'envisager ce qui fonde la possibilité du sens dans une architecture ou un aménagement urbain, mais dans l'appréhension du monde comme tel. À travers le regard s'indique la conscience comme principe, comme ce qui donne sens, non seulement aux configurations spatiales particulières, mais encore au monde, qui peut donc se penser comme un *kosmos*.

« Aussi étonnant que cela paraisse, tout peut rentrer dans l'ordre » ; mieux : « aussi étonnant que cela paraisse, un ordre reste possible ». Voici, en quelques mots, ce que semble « dire », en un regard, l'expérience du voyage. En même temps qu'il nous surprend, nous dérange, nous heurte, parfois violemment, le voyage, comme découverte du monde, est aussi et paradoxalement l'affirmation de la *possibilité* de l'ordre du monde, quoique celui-ci nous échappe dans son détail. Encore une fois, le monde absolu est « donné », car librement ordonné depuis un centre favorablement éprouvé.

Ce monde absolu est prodigieux à plus d'un titre : il semble en effet s'inventer et se réinventer sans cesse, à mesure que le voyage nous confronte à de nouveaux foyers de reconfiguration et oblige, en quelque sorte, à reculer toujours davantage la « limite » du monde, afin d'inclure la nouvelle apparition. Mais il faut pourtant reconnaître la vérité suivante : en tant qu'il est absolu, ce monde ne saurait être dérivé de la rencontre fortuite avec telle ou telle reconfiguration de monde. Dans la mesure où il s'enracine dans l'absoluité de la conscience, il doit logiquement précéder toute configuration factuelle de monde et être *au principe* de l'apparaître de la configuration d'un monde, quand bien même la nouveauté d'une telle configuration est chaque fois, pour nous, l'*occasion* ou la *source* de l'apparaître du monde absolu.

Ce monde absolu est également nécessairement infini, quand bien même il nous apparaît toujours nécessairement depuis une apparente limite, puisque nous sommes chaque fois placés comme au seuil de l'apparaître. C'est que cette limite, elle, n'a d'existence que dérivée et secondaire : elle n'existe que relativement au monde qui apparaît devant nous, depuis un certain centre-noyau. Elle ne caractérise pas le monde absolu comme tel, qui lui – rappelons-le une fois de plus – ne se donne que depuis son point central, celui-là même que nous sommes, en tant que voyageur involué en regard. Le monde absolu doit donc comprendre tous les mondes possibles, mais aussi surmonter toutes les incompossibilités apparentes, et demeure, à ce titre, imprésentable. Ce monde, c'est l'inconnu qui nous entoure, nous qui faisons face à une certaine configuration de monde, et comprenons que cette configuration doit prendre place dans le monde absolu, sans comprendre exactement comment cette configuration peut s'accorder avec celles que nous avons préalablement rencontrées. Ce qu'il y a derrière nous, à droite, à gauche, au-dessus, en dessous… n'apparaît pas à proprement parler tant la conscience est alors focalisée sur le noyau phénoménologique d'une nouvelle configuration de monde. Mais tout ceci *co-apparaît* toutefois, indirectement, dans la certitude du centre-principe que nous sommes.

Reprenons la description de l'apparaître du monde, pour en articuler les différents niveaux : en surgissant à partir d'un centre-noyau spécifique, le monde qui se fait jour en voyage offre donc bien des paradoxes. Quand bien même il s'avère, au final, partiel, il se donne comme un monde quasi infini en tant que foyer phénoménologique. Car il apparaît avec une force remarquable et rayonne, comme si tout ce qui compose le monde n'avait de sens qu'à mesure de sa proximité avec ce foyer. L'infinité de ce monde tient donc à l'indistinction de ses contours, laquelle tient à sa concentration dans son foyer de rayonnement.

Ce monde est d'autant plus étrange qu'il semble finalement perdre son infinité. D'une part parce que celle-ci semble en concurrence avec d'autres mondes apparemment infinis (d'autres visions ont imposé et imposent la révélation d'autres mondes analogues, qui se donnent depuis d'autres centres-noyaux) ; et d'autre part parce que cette infinité laisse aussi finalement apparaître une limite, celle-là même où nous nous tenons dans la découverte de ce monde.

Nous découvrons alors un autre monde, plus fondamental que celui qui est apparu et que tous ceux qui sont susceptibles d'apparaître de façon analogue. Ce monde, que nous avons qualifié d'absolu, nous ne le connaissons à chaque fois que depuis le vis-à-vis du centre que nous constituons et du « monde » partiel qui nous fait face. Il « intègre », ou plutôt doit « intégrer » le monde que nous découvrons, comme il doit « intégrer » ceux que nous avons déjà vu paraître et ceux qui nous apparaîtront – quoique cette intégration demeure inaccessible autrement que comme ordre.

Il « intègre » également le monde ambiant courant qui était le nôtre avant la révélation du monde autre : le décentrement du voyage touche également le monde ambiant courant du voyageur (ce monde de croyances et d'habitudes qui était le sien avant la révélation de l'autre monde possible). De sorte que le voyageur doit quitter une position centrale (celle qu'il occupait au sein de ce monde ambiant) pour en retrouver une autre, non plus relative mais absolue. Voilà pourquoi le voyage fait violence au monde du voyageur, tout en pouvant être l'heureuse occasion de la découverte *du* monde.

Il faut toutefois préciser ce qu'on entend par « intégration » des mondes relatifs. Il ne s'agit pas tant de le comprendre comme un emboîtement de mondes – à travers le thème baroque des mondes gigognes – que d'envisager l'incommensurabilité de l'absolu et du relatif. Le monde absolu n'est pas un monde *plus* grand que les autres : il est le monde en tant que corrélat d'une exigence infinie de sens. Pour le dire autrement : le monde est possible et il n'y a qu'un seul monde possible parce que la conscience unifie et ordonne l'unification possible. Que le monde apparaisse sous des guises infinies et peut-être contradictoires, qu'il puisse se donner sous une couleur ou une autre, à travers une multiplicité de centres-noyaux … rien de tout ceci ne saurait remettre en question la possibilité d'une unité, qui s'atteste dans l'épreuve de la centration absolue.

C'est pourquoi la question de la modalité du monde s'avère fondamentale à sa compréhension. La possibilité du monde s'atteste en quelque sorte dans l'exigence de « possibilisation » qu'il manifeste : le monde est possible parce qu'il est ce qui rend possible, en débordant les incompossibilités apparentes.

Ce lien entre ordre du monde et « possibilisation » peut s'envisager analogiquement dans l'évocation que fait Nicolas Bouvier des étonnantes possibilités mélodiques qu'il découvre en écoutant chanter un vieux Tzigane lors d'une halte. Ce dernier « entonna d'une voix forte une mélodie dont le déroulement, absolument imprévisible, paraissait, une fois qu'on l'avait écouté, parfaitement évident[1] ». De même qu'une possibilité mélodique

1. N. Bouvier, *L'usage du monde*, *op. cit.*, p. 42.

semble pouvoir s'imposer malgré l'imprévisibilité (et peut-être les dissonances apparentes), il faut envisager la possibilité d'un monde par-delà la discontinuité et l'hétérogénéité « des » mondes apparaissants. L'analogie a néanmoins ses limites : la possibilité mélodique apparaît en effet directement – quoique toujours rétroactivement – quand l'unité du monde ne se donne qu'indirectement, dans l'épreuve de la centration absolue, sans qu'on ne puisse jamais espérer sa présentation achevée, pas même rétroactive. L'unité du monde se donne dans l'absoluité d'une centration qui seule rassemble, dans l'analogie de leur *éclat* phénoménologique, des apparitions nécessairement *éclatées.*

Le monde semble gai puis triste ? à fuir puis à aimer ? Il peut être tout cela parce qu'il n'est pas simplement la somme de toutes ces apparitions, fût-elle infinie. Il ne s'agit pas d'espérer un jour pouvoir compléter notre compréhension du monde (pas plus qu'il ne s'agit de désespérer de ne jamais pouvoir achever une telle compréhension), car ce monde ne se conçoit même pas comme la totalisation progressive de toutes ces apparitions infinies de mondes partiels. En tant que monde absolu, le monde se donne justement dans le débord de ces mondes partiels et relatifs, à partir du centre que nous nous sentons constituer, alors même que nous sommes comme rejetés à la périphérie de tel ou tel monde partiel, lorsqu'il nous apparaît.

Comme tel, ce monde absolu ne peut donc soutenir l'hypothèse husserlienne, évoquée plus haut, d'un anéantissement. On peut, certes, avec Husserl, envisager que le monde disparaisse tant semble impossible la concordance des esquisses qui nous le livrent. Mais une telle hypothèse ne touche qu'une conception seconde du monde (le monde comme totalisation des objets de l'expérience) et non le monde absolu, car celui-ci, comme tel, ne se donne pas dans une appréhension progressive. Il ne se donne pas comme ces mondes partiels et multiples que les centres-noyaux nous font apercevoir, pas plus comme une « addition » de ces mondes partiels. Son être est absolu car directement lié à celui de la conscience : il se donne avec la certitude d'être possiblement le centre *du* monde, là-même où nous nous sentons comme rejetés à la périphérie *d'un* monde lorsque la vision d'un centre-noyau arrête notre regard.

C'est pourquoi le voyage ne doit pas se comprendre comme un progrès dans la découverte du monde. Que l'on voyage beaucoup ou peu, on ne saisit pas mieux ni davantage le monde absolu. À la limite même, on en sait peut-être autant du monde absolu en restant chez soi – *pour peu, bien sûr, qu'on soit sensible à une expérience de perte de la familiarité au sein même du monde familier*[1]. Le voyage ne fait que renforcer la possibilité de vivre une telle expérience et le goût du voyage s'explique moins par le désir d'en voir plus que celui de revivre cette expérience de décentrement qui est aussi celle d'un recentrement. Ou, pour le dire autrement, voyager nous fera évidemment découvrir d'autres lieux et voir d'autres mondes partiels et relatifs, mais ne nous fera avancer en rien dans la connaissance du monde absolu. À cet égard, le voyage n'est pas ce qui nous fait avancer, mais ce qui, en maintes occasions parfois, nous ramène au centre, au lieu que nous sommes, au moment même où il nous propulse au seuil des mondes que nous découvrons. En ce sens, autant qu'une avancée, tout voyage est un arrêt (devant l'apparition d'un monde partiel) et une odyssée, un retour (un retour à « soi » en tant que centre absolu du monde absolu).

1. Un voyageur comme Bouvier évoque cette possibilité de voyager en restant chez soi : « À mon retour, il s'est trouvé beaucoup de gens qui n'étaient pas partis, pour me dire qu'avec un peu de fantaisie et de concentration ils voyageaient tout aussi bien sans lever le cul de leur chaise. Je les crois volontiers. Ce sont des forts. Pas moi. J'ai trop besoin de cet apport concret qu'est le déplacement dans l'espace. », N. Bouvier, *L'usage du monde*, *op. cit.*, p. 53.

chapitre 6
nouveau départ : premier regard, dernier regard

Le regard du voyageur a fait apparaître le monde. Avançons encore pour remarquer à quel point le *premier regard*, chez le voyageur, se confond parfois étrangement avec le *dernier*.

Par premier regard, nous entendons celui d'une découverte curieuse du monde qui peut aller de la surprise à l'énamourement, et dont le voyage est si évidemment l'occasion (découverte des différents lieux du monde, des êtres qui les habitent, des usages qui sont les leurs ...). Or, le recul parfois à l'œuvre dans ce regard – notamment dans les expériences les plus marquantes, celles qui font au voyageur l'effet d'un véritable choc, plaisant ou non –, le repousse dans un tel éloignement qu'il le rend analogue à ce que nous appellerons le dernier regard, soit celui que nous jetons sur le monde depuis la *possibilité* de la mort.

Un texte de Nicolas Bouvier nous semble essentiel pour commencer à étayer cette thèse. Nous le trouvons dans les dernières lignes du *Poisson-scorpion*, lorsque le voyageur, qui vient de se blesser légèrement au visage en se cognant à un écriteau rouillé dans la rue, rentre chez lui, résolu à quitter Ceylan :

> De retour dans ma chambre j'ai commencé à faire mon bagage en répandant du sang partout. Cette plaie n'avait pas d'importance

> en regard du grondement d'allégresse qui montait autour de moi. À présent je pleurais pour de bon et jamais larmes ne m'ont paru meilleures. Dans les fissures et lézardes de mon logis je voyais pointer pinces, dards et élytres. Toute ma ménagerie me disait anxieusement adieu. (...) J'ai laissé sur la table l'argent que je devais à l'aubergiste et j'ai regardé une dernière fois cette soupente bleue où j'avais été si longtemps prisonnier. Elle vibrait d'une musique indicible[1].

On retrouve dans ce texte l'effet de *seuil* que nous évoquions plus tôt : Bouvier, sur le point de quitter les lieux, se tient au seuil de cette chambre qui l'a vu connaître tant de désarroi, et jette un dernier regard sur ce qui a constitué son quotidien pendant cette longue et parfois douloureuse étape du voyage. Là encore, le texte fait littéralement allusion au deuil et à la séparation, et décrit un voyageur qui se vide (sang et larmes) avant que de disparaître. On pourrait nous objecter que ce « dernier regard » reste circonstancié, mineur, peut-être bien éloigné de l'événement ultime que constitue la mort. De fait, l'écrivain, malgré sa légère blessure, est ici loin d'être mourant (au contraire, en faisant le deuil de cette étape de son voyage, peut-être revient-il à la vie), de sorte que l'expression « dernier regard » peut sembler bien exagérée. Mais il faut ici rappeler que le dernier regard, tel que nous l'avons défini, se rapporte non pas à la réalité de la mort, mais à sa possibilité : ce n'est pas tant le regard du moribond que celui de l'angoissé.

On doit à Heidegger une compréhension de l'angoisse qui rappelle sa distinction d'avec la peur et l'éloigne ainsi d'une relation à une menace objective, réelle. Nous reviendrons plus loin sur le rapprochement que nous faisons ici avec la description heideggérienne de l'angoisse, mais on peut déjà rappeler, à titre d'indications nécessaires à l'argumentation, les éléments qui suivent. Pour Heidegger, l'angoisse n'est pas une réaction face

1. N. Bouvier, *Le poisson-scorpion*, *op. cit.*, p. 172-173.

à un objet existant (il n'y a pas de « devant-quoi » de l'angoisse, sinon l'être-au-monde comme tel[1]) et elle se donne plutôt comme un mode de saisie affective de l'existence. S'angoisser, c'est se confronter au fait même d'avoir à être, sans qu'aucune chose ne puisse offrir l'assurance d'un sol ou d'une orientation. L'angoisse retire ainsi au monde sa consistance, ses urgences, et renvoie l'existence à elle-même, à son propre pouvoir-être, et essentiellement à sa possibilité absolue, indépassable, qui est justement de ne plus être. L'angoisse confronte ainsi l'existence à la mort, en tant que possibilité :

> La mort n'est pas un étant qui n'est pas encore là-devant ni le dernier restant réduit au minimum ; non c'est plutôt une imminence[2].

En tant qu'imminence indéterminée, la mort relève du possible en un sens spécifique : ce possible déborde toute réalité (« *plus haute que la réalité s'érige la* possibilité »[3]) et ne se juge en rien à la mesure de son passage dans le réel. Il faut même dire que l'« extrême possibilité de l'être vers la mort comme possibilité est aussi éloignée que possible de quelque chose de réel »[4].

Le dernier regard, tel que nous l'entendons, peut s'envisager à partir de cette compréhension heideggérienne de l'angoisse : le voyageur regarde le monde d'une manière analogue à celle de l'angoissé. Non qu'il éprouve nécessairement de l'angoisse ; nous avons vu, au contraire, qu'il pouvait tout à fait apprécier la beauté du monde ou éprouver des sentiments dénués de la gravité propre à ce sentiment. L'analogie se situe dans ce recul qui saisit le voyageur dans son face-à-face avec le monde. Dans le recul propre au voyage, le monde se manifeste avec une telle intensité qu'il semble s'éloigner, devenir hors de portée : il est consacré

1. *Cf.* Heidegger, *Être et temps, op. cit.*, p. 236-237.
2. *Ibid.*, p. 304.
3. *Ibid.*, p. 66.
4. *Ibid.*, p. 317.

dans l'éclat de sa visibilité et perd sa proximité réelle. C'est donc un *dernier regard* parce que c'est un regard-limite : non pas un regard d'outre-tombe, pas même un regard de mourant, mais un regard qui se situe au seuil du non-être, parce qu'il envisage le monde depuis la possibilité de ne plus être au monde, de ne plus en être partie prenante.

Nous avons vu que la tension vers l'avant pouvait se défaire dans le recul et que le regard pouvait s'aveugler; finalement, la disparition du voyageur dans le voyage se comprend, selon nous, dans un détachement à l'égard du monde (qui est en même temps sa révélation) analogue à ce qui se joue dans l'angoisse. Il y a là une dé*sol*ation qui n'est pas forcément désolante, mais qui est bien une privation du sol, sous différentes modalités : devant un paysage angoissant comme celui d'Ispahan, Nicolas Bouvier évoque l'« impalpable », ressent un « effondrement » et commente : « Curieux, comme tout d'un coup le monde s'abîme et se défile »[1].

Mais – nous insistons –, cette apparition du monde *comme néant* n'est pas forcément le seul sens de la désolation, qui peut paradoxalement se produire dans l'affirmation de l'éminence et de la prestance du monde. Ainsi, lorsque Nicolas Bouvier se repaît du spectacle d'un paysage de montagne, en Afghanistan, il note : « Devant cette prodigieuse enclume de terre et de roc, le monde de l'anecdote était comme aboli[2] ». Ici, le paysage en impose au contraire par sa solidité, il semble même offrir un repère dans la détermination de ce que pourrait être un sol

1. Notons que cette caractérisation de l'expérience est très proche de l'analyse heideggérienne de l'angoisse, dans laquelle « l'existant dans son ensemble devient branlant » (Heidegger, « *Qu'est-ce que la métaphysique* ? », trad. fr. H. Corbin, dans *Questions I et II*, Paris, Gallimard, 1968, p. 60). Heidegger écrit encore : « dans l'angoisse, l'utilisable du monde ambiant sombre et avec lui tout l'étant intérieur au monde » (*Être et temps*, *op. cit.*, p. 237).

2. N. Bouvier, *L'usage du monde*, *op. cit.*, p. 375.

véritable. En apparence, nous sommes donc bien loin, ici, des analyses heideggériennes. La désolation apparaît néanmoins selon nous dans l'absolu éloignement de ce paysage : si son sol se manifeste avec une telle prestance, c'est parce qu'il semble hors de portée, comme envisagé au seuil d'un gouffre infranchissable. Il y a donc désolation, non parce que le monde s'effrite et perd en consistance, mais au contraire parce que sa fermeté le consacre et l'excepte. Autrement dit, la possibilité du sol, d'un sol véritable, s'atteste dans la désolation de son retrait apparent : dans la distance contemplative qu'il impose, nous ne pouvons que demeurer *au seuil* de sa manifestation. C'est pourquoi la révélation du sol semble ici se faire dans l'expérience même de l'abîme. Nous découvrons le sol, dans toute sa fermeté, depuis l'abîme.

L'interprétation ne va sans doute pas de soi : du point de vue philosophique, il est certain qu'il nous faudra préciser le sens de notre référence à Heidegger dans la caractérisation de ce rapport au monde. Mais avant cela, on pourrait nous objecter que l'interprétation semble forcer le texte de Nicolas Bouvier lui-même. De fait, toujours à propos de cette montagne afghane contemplée avec tant de bonheur, l'écrivain, en se référant à Plotin[1], semble justement affirmer la possibilité d'une véritable « tangence » du voyageur au monde, de sorte qu'il faudrait peut-être revenir sur notre remarque et accepter l'idée d'un « contact » entre le voyageur et ce qu'il voit.

Reste que, si tangence il y a, elle est immédiatement définie comme un « contact qu'on ne peut ni concevoir ni formuler[2] ». Et surtout, Nicolas Bouvier d'ajouter : « Ce jour-là, j'ai bien *cru* tenir quelque chose[3] ». Autrement dit, même dans cette

1. *Ibid.* Nous n'avons pas pu retrouver les références exactes, chez Plotin, de l'allusion faite par N. Bouvier.

2. *Ibid.*, p. 374.

3. *Ibid.*, p. 375. C'est nous qui appuyons.

expérience qui semble l'une des plus heureuses – tant une « appartenance paisible » au monde paraît enfin possible –, un doute semble s'immiscer. L'écrivain finit d'ailleurs par remiser cette plénitude dans une instantanéité telle qu'elle semble s'évaporer. Et plutôt que sur cette plénitude, Nicolas Bouvier conclut (il s'agit là de la conclusion du passage, mais aussi du livre) sur le « vide qu'on porte en soi[1] » et qui est « peut-être notre moteur le plus sûr[2] ».

Sans doute la distinction opérée plus haut, entre monde partiel et monde absolu, nous permet-elle de comprendre cette difficulté et d'envisager cette montagne afghane à la fois comme la révélation du sol et celle de l'abîme. Elle se donne bien comme un noyau phénoménologique d'une rare densité, mais à distance, depuis l'abîme; et si le voyageur croit pouvoir partager une certaine tangence avec ce monde, c'est parce qu'il fait l'expérience d'un autre sol, bien plus fondamental que celui qui se fait jour devant lui : celui du monde absolu, dont il est le centre.

Voyager n'est donc pas tant parcourir le sol terrestre que faire l'expérience d'une désolation (dans la distance de l'apparition du monde partiel) qui est aussi, et paradoxalement, celle d'une redécouverte du sol (celui du monde absolu).

Commençons par envisager le premier aspect. Le regard du voyageur est désolant tant il l'amène à se retirer du monde dans la consécration de celui-ci. En ce sens, le regard est bien un dernier regard. Dernier, non pas en raison de quelque chronologie existentielle, mais relativement à sa hauteur existentiale : il touche à la structure même de l'existence dans sa proximité avec la *possibilité* de la mort et dans la révélation de l'être-au-monde. Tout se passe en effet *comme si* le voyageur pouvait voir le monde depuis l'outre-tombe : il l'envisage dans une distance analogue,

1. N. Bouvier, *L'usage du monde*, *op. cit.*, p. 375.

2. *Ibid.*

qui lui apparaît en tout cas pareillement infranchissable. Nous affirmerons donc le paradoxe suivant : la consécration du monde, dans le voyage, équivaut à sa désolation dans l'angoisse.

Le paradoxe se soutiendra d'autant mieux que l'on prendra en considération les ambiguïtés émotionnelles à l'œuvre dans pareil regard : même dans ses plus grandes joies devant le spectacle du monde, le voyageur peut éprouver une forme de tristesse, qu'on peut comprendre comme une sorte de « nostalgie anticipatrice ». Ce paysage, cet événement dont le voyageur est le témoin, cette lumière qui a soudain figé une scène et exigé le souvenir, *etc.*, *ne sera plus*, soit que la chose passe, soit qu'il faille repartir. Il faut donc admettre que cela puisse ne plus être. Ce caractère transitoire, éventuellement éphémère, des beautés du voyage se comprend selon nous dans une analogie avec l'angoisse. L'anticipation de la perte possible des choses renvoie à celle de notre propre mortalité : cela continuera à être sans nous, tout comme cela pourrait être ou aurait pu être sans nous. En témoignant des beautés du monde, le voyageur semble ainsi reculer si loin qu'il s'est comme déjà retiré du monde. En d'autres termes, le spectacle est si imposant qu'il paraît repousser son spectateur dans l'anticipation de sa propre disparition. « *Memento mori* »[1] semble donc nous dire le monde, sans qu'il y ait là nécessairement place pour la plainte, l'amertume ou la lamentation. Au contraire, l'éventuel regret n'efface pas le bonheur de regarder ce qui nous fait face, ni d'avoir pu le regarder.

1. Il nous semble possible d'établir un parallèle entre le regard du voyageur, tel que nous le développons ici, et l'esthétique de l'angoisse que nous avons cherché à analyser dans un travail antérieur (cf. *Esthétique de l'angoisse. Le memento mori comme thème esthétique*, Paris, Puf, 2010). Par-delà les spécificités iconologiques des *memento mori*, le thème nous paraît à même de mettre au jour une structure du regard esthétique dont on découvre, dans le voyage, une modalité possible, quand bien même la violence de la confrontation visuelle est moins prégnante en voyage.

Le voyage est donc bien l'occasion d'un premier regard qui se confond avec le dernier, et le plaisir du voyageur peut (ce n'est qu'une possibilité) être mêlé d'effroi ou de tristesse, sinon être totalement recouvert par l'accablement. L'angoisse de mort peut véritablement sourdre dans la perception des choses et remodeler le monde, comme elle peut ne constituer qu'une analogie de cette étrange appréciation du monde dans laquelle le voyageur, devant l'éclat éblouissant de son vis-à-vis, semble anticiper sa propre disparition. Voyager est donc une tension vers l'avant qui culmine dans l'anticipation de la possibilité absolue. C'est ainsi qu'elle fait paradoxalement « reculer » le voyageur dans le « devancement » du possible le plus propre, lorsque ce dernier s'amène à l'horizon de sa propre disparition.

Mais il nous faut compléter cette analyse et rappeler que ce regard désolant est aussi celui qui nous fait découvrir ou redécouvrir le sol. C'est là le second aspect que nous évoquions plus haut. Au moment même où il nous rejette à la périphérie, au seuil du monde, et nous projette ainsi au-dessus de l'abîme, il nous ramène au centre et nous donne ainsi le « sol » du monde absolu. C'est pourquoi l'expérience est si complexe et n'est pas seulement celle d'un désarroi. La possibilité de ne plus être se conjugue étrangement à celle du pouvoir-être, dans toute son absoluité : nous renaissons comme centre absolu, au moment même où il nous semble ne plus être de ce monde. Le dernier regard se confond donc décidément bien avec le premier, que nous devons maintenant définir de la manière suivante : c'est le regard immensément confiant que nous pouvons jeter sur un monde dont la possibilité semble inébranlable.

chapitre 7
nouvel arrêt : une désolation ni désolante, ni isolante

Essayons de préciser les enjeux et limites du rapprochement entre angoisse et voyage. Ce rapprochement permet d'abord de mieux comprendre l'ambiguïté de la structure de vis-à-vis qui se fait jour entre le voyageur et le monde. Pour Heidegger, le *devant quoi* de l'angoisse, on l'a dit, n'est pas un objet, mais l'être-au-monde, ce qui « place » en quelque sorte le monde (en tant qu'il n'est ni un ceci, ni un cela) *devant* le *Dasein*, dans une structure de vis-à-vis des plus étranges. Car le monde, bien évidemment, ne peut s'objectiver dans un étant particulier déterminable localement; pas plus ne peut-il se ramener à une contrée spécifique. Le « devant » du monde doit se comprendre en même temps comme un « nulle part » et un « partout » : s'il s'offre *comme* en vis-à-vis du *Dasein*, c'est dans la mesure où, en sombrant dans l'indifférence et l'insignifiance, en devenant « rien », ce qui fut le « tout » de l'étant nous lance comme une adresse saisissante :

> Toutes choses et nous-mêmes nous abîmons dans une indifférence. Cela, toutefois, non au sens d'un simple disparaître; au contraire, dans leur recul comme tel, les choses *se tournent vers nous*[1].

1. Heidegger, *Qu'est-ce que la métaphysique?*, trad. fr. R. Munier, dans *Heidegger, Cahiers de l'Herne*, M. Haar (dir.), Paris, Éditions de l'Herne, 1983, p. 51. Nous soulignons.

> Il faut donc dire *à la fois* que l'angoisse emporte avec elle le tout de l'étant (*Dasein* y compris) et qu'elle place le monde devant le *Dasein* : « Le rien *fait face* dans l'angoisse en n'étant qu'un avec l'étant dans son ensemble »[1].

L'angoisse n'est donc pas perte du monde mais une sorte de « néantisation » (si l'on nous permet ce terme peu heideggérien), qui, loin d'être anéantissement, se donne plutôt comme révélation, et du monde, et du *Dasein*. Ici encore, une certaine analogie s'impose : de même que l'obscurité existentielle de l'angoisse (la perte du monde de la familiarité) peut se comprendre comme lumière existentiale chez Heidegger (l'angoisse ramène le *Dasein* à une compréhension authentique de l'existence), la périphérisation du voyageur (son rejet au « seuil » du monde) est paradoxalement l'occasion d'une recentration fondamentale.

Le parallèle avec l'angoisse implique donc de ne plus comprendre celle-ci de manière psychologique, comme un ressenti subjectif, mais comme une certaine manière d'être au monde, qui implique, en un sens, de « désêtre » au monde familier. De fait, l'angoisse, comme simple sentiment, est possible en voyage (c'est sans doute ce que ressent Nicolas Bouvier à Prilep, dans le passage que nous avons évoqué), mais elle n'est pas nécessairement ressentie et de très nombreux autres sentiments sont possibles (nous y reviendrons plus loin).

C'est encore pourquoi la désolation évoquée plus haut doit prendre un sens particulier : il faut prendre à la lettre son préfixe et y lire la perte du sol familier, plutôt que de nécessairement y entendre une forme de déploration ou de tristesse. Autrement dit, il faut imaginer une désolation qui n'est ni forcément désolante, ni forcément isolante.

La complexité de cette désolation tient à sa relativité : la perte du sol familier est aussi retrouvaille du « sol » absolu, ce qui

1. Heidegger, *Qu'est-ce que la métaphysique ?*, *op. cit.*, p. 52. Nous soulignons.

permet de comprendre pourquoi la perte peut être vécue avec faveur par le voyageur. Le voyageur ne perd pied et ne sent le sol se dérober sous lui que pour découvrir une heureuse (et étrange) stabilité dans l'effondrement de la familiarité. Là encore, le parallèle avec les analyses heideggériennes se soutient d'autant mieux que Heidegger, dans ses descriptions, fait lui-même apparaître une certaine ambiguïté émotionnelle de l'angoisse. Dans *Qu'est-ce que la métaphysique ?*, notamment, le philosophe insiste sur les ambiguïtés de l'expérience du Néant. Ainsi l'ennui profond est-il décrit comme l'occasion d'une « indifférenciation *étonnante* »[1] et l'angoisse, envisagée non seulement comme ce qui « oppresse »[2], mais aussi « obsède »[3], est décrite comme un « repos sous une fascination »[4]. L'angoisse ne se ramène donc pas à l'expérience psychologique de l'effroi et doit plutôt s'envisager comme une structure ontologique des plus ambivalentes d'un point de vue affectif.

Ajoutons que le § 16 de *Être et temps* – qui ne traite certes pas de l'angoisse, mais décrit la réaction du *Dasein* devant le dysfonctionnement de l'outil – envisage une autre forme de perte de la familiarité :

> Les modes de la surprenance, de l'importunance et de la récalcitrance ont pour fonction d'amener le caractère de l'être-là-devant à émerger à même l'utilisable. Mais en pareil cas l'utilisable n'est pas encore *contemplé* et dévisagé uniquement comme étant là-devant ; tout en s'annonçant, l'être-là-devant est encore lié à l'utilisabilité de l'utile[5].

Pourquoi reprendre cette analyse heideggérienne ? Après tout, la compréhension de l'existence la plus ordinaire du *Dasein*, dans

1. Heidegger, « Qu'est-ce que la métaphysique ? », trad. fr. H. Corbin et R. Munier, dans *Questions I et II*, *op. cit.*, p. 56 (nous soulignons).
2. *Ibid.*, p. 58.
3. *Ibid.*
4. *Ibid.*, p. 61.
5. Heidegger, *Être et temps*, *op. cit.*, p. 110.

son usage pragmatique et quotidien du monde, semble bien éloignée de nos préoccupations. Nous avons en effet compris le voyage comme une expérience du regard, une observation du monde plutôt que sa « discernation »[1] et son aménagement pragmatique. En outre, nous avons insisté sur la structure du face-à-face dans le rapport au monde, là où le monde pragmatique quotidien apparaît davantage comme un monde environnant, au sein duquel lequel le *Dasein* est véritablement plongé.

Mais justement, ce que Heidegger décrit lorsqu'il analyse la « récalcitrance » de l'outil, c'est déjà une quasi-expérience du décentrement du monde. Le fait que ce monde environnant et familier, dont le *Dasein* est le centre organisateur, puisse, en certaines occasions, surgir comme *devant* lui (tant il paraît soudain étrange et récalcitrant), nous semble à la fois pouvoir constituer une analogie du voyage et permettre de mieux comprendre le parallèle que nous avons proposé avec l'angoisse. Ce qui est remarquable, c'est de voir comment le dysfonctionnement d'un objet pragmatique suffit quelquefois à gripper toute l'organisation de l'espace. Le monde où le *Dasein* se meut et travaille, qu'il ne voit peut-être même plus à force d'utilisation et de familiarité, se découvre alors soudain ; et ce, dans un quasi-décentrement qui est aussi surgissement du monde sous la forme d'un vis-à-vis.

Or, d'une certaine manière, le voyage nous fait vivre pareille expérience : ce monde dans lequel le voyageur est plongé, ce monde qu'il lui faut traverser, découvrir, ce monde au sein duquel il lui faut sans cesse agir, ce monde qui exige des démarches (trouver à se loger, à manger, obtenir un laissez-passer, une faveur, rencontrer un responsable, se présenter, s'expliquer …), ce monde, donc, qui prend le voyageur dans les rets d'un environnement parfois embarrassant, est finalement

1. Heidegger, *Être et temps*, *op. cit.*, p. 105.

et surtout celui qui s'impose dans la distance et exige le recul dès lors qu'il *apparaît*, c'est-à-dire cesse d'être un milieu de sollicitations naturelles et sociales pour s'offrir comme simple manifestation de monde.

Par ailleurs, on voit ici que la perte de la familiarité ne doit pas nécessairement s'envisager comme une épreuve effrayante et nécessairement repoussante. Elle est plutôt l'occasion d'un étonnement dans la suspension de l'agir quotidien. C'est une forme de recul, de saisissement, d'interrogation, qui ne doit rien à l'effroi, et permet au contraire une certaine échappée.

La désolation comme perte de la familiarité ne signifie donc nécessairement ni effroi ni déploration. Et si le parallèle avec l'analyse heideggérienne de l'angoisse nous semble justifié, c'est en tant que la perte de la familiarité, chez ce dernier, implique l'étonnement sinon la fascination. Pour le dire autrement : il n'y a rien de morbide dans le dernier regard, car la mort ne doit s'envisager que comme possibilité ; et il n'y a rien d'effrayant dans la désolation, car l'angoisse est moins un sentiment qu'un bouleversement heuristique de l'être-au-monde.

L'analogie entre voyage et angoisse (dans sa compréhension heideggérienne) connaît toutefois ses limites. Nous dirons que l'angoisse éclaire l'être du *Dasein*, quand le voyage concerne la subjectivité dans son rapport au monde. La perte de la familiarité que nous cherchons à décrire dans le voyage est selon nous l'occasion d'un recentrement de la subjectivité qui est évidemment bien éloigné des préoccupations heideggériennes, lesquelles visent au contraire à mettre au jour le sens d'être du *Dasein*, en deçà de la subjectivité, et dans la perte même de sa mondanéité courante.

De ce point de vue, l'angoisse a en quelque sorte pour Heidegger une vertu « purifiante » : en tant qu'*esseulement* du *Dasein*, elle en autorise une vision débarrassée des constructions mondaines et offre ainsi à l'ontologie un aperçu saisissant de l'existence humaine.

Si le voyage se conçoit également comme une perte de la familiarité, ce n'est pas tant pour défaire le sujet que le recentrer ou le ressaisir ; et si ce recentrement le ramène à lui-même, c'est moins sur le mode de l'esseulement absolu que celui d'un partage non plus réel mais nécessairement possible.

Préciser cette distinction implique de revenir sur le problème de la modalité : pour Heidegger, l'angoisse est l'épreuve d'un possible qui se tient plus haut que toute réalité[1] : l'angoisse est finalement expérience de l'être-pour-la-mort, soit l'épreuve de la possibilité absolue et indépassable du *Dasein*, celle-là même qui constitue son pouvoir-être le plus propre[2]. Si l'on articule en général la modalité selon une progression qui part du possible pour aller au nécessaire en passant par le réel, la phénoménologie heideggérienne rebat en quelque sorte les cartes de la modalité pour envisager une possibilité tellement auréolée de nécessité (elle est le possible le plus propre, absolu et indépassable) qu'elle en excède la réalité (la mort comme fait physiologique et social n'a rien à voir avec la mort comme possibilité de ne plus être).

D'une certaine manière, l'expérience du voyage, telle que nous l'avons décrite, s'inscrit dans pareil bouleversement de la modalité, quoiqu'en un sens très différent. Car le dernier regard donne à voir un possible-nécessaire du même ordre : décentré, excentré, le sujet est projeté à la périphérie d'une possibilité de monde qui s'impose à lui impérativement. Et cette possibilité nimbée de nécessité n'a de sens que dans sa déconnexion avec toute réalité : d'une part parce que ce décentrement est aussi

1. « Plus haute que la réalité s'érige la *possibilité* », Heidegger, *Être et temps*, § 7, *op. cit.*, p. 66.

2. « La mort est la possibilité *la plus propre* du Dasein », Heidegger, *Être et temps*, § 53, *op. cit.*, p. 318.

une recentration, et d'autre part parce que cette recentration est absolue et non réelle. Le monde, en tant que possible-nécessaire, est moins celui qui se donne factuellement devant nous, autour d'un centre-noyau spécifique, que le monde absolu qui s'indique indirectement mais nécessairement dans l'expérience de la recentration.

À quoi il faut ajouter, pour bien comprendre ce qui distingue l'expérience du monde de celle de l'angoisse, que cette épreuve du possible-nécessaire, en voyage, est autant l'occasion d'un esseulement que celle d'un partage *possible*. Le dernier regard semble nous arracher au monde et nous ramener à nous-mêmes, certes, mais il convient, là encore, de décrire la nécessitation d'un possible dans l'affirmation d'un partage du monde, par-delà sa réalité ou son irréalité.

Cette possibilité du partage s'ordonne d'abord dans l'empathie. Ce monde qui se donne soudain à nous autour d'un centre-noyau, ce monde qui nous est étranger et pose une séparation est aussi, on l'a dit, celui qui nous implique : malgré l'altérité et la séparation, il nous semble pouvoir comprendre, comme de l'intérieur, le monde qui se dresse face à nous. À travers l'empathie, nous sautons par-dessus la réalité, ou plutôt l'impossibilité réelle de l'accès à l'intériorité de l'autre et de son monde. De sorte que nous affirmons ainsi une possibilité de partage plus haute que la séparation réelle.

Ensuite, au-delà de la possibilité ou non d'un accès au monde de l'autre, il convient de penser la possibilité d'un partage du monde absolu. Car si le voyageur est pour nous celui qui apparaît dans la recentration absolue, il est aussi celui qui partage, avec chacun, la possibilité d'être l'*ici* absolu, précisément parce que cet *ici* absolu n'est pas localisable effectivement.

Ce n'est pas seulement que l'un ou l'autre peut être le centre d'un monde relatif; et ce n'est pas davantage que ces mondes relatifs peuvent se frotter l'un à l'autre, voire s'imbriquer ; c'est plutôt que l'un comme l'autre peut vivre la disjonction qui l'arrache au monde qui est le sien pour vivre la possibilité du centre absolu. C'est là ce que nous retenons de la lecture des livres de Nicolas Bouvier : l'écrivain-voyageur amène son lecteur dans l'empathie du monde absolu. Nous qui ne voyageons pas effectivement, nous qui n'avons jamais connu les mondes relatifs qui nous sont décrits, nous sommes amenés à les envisager, à les vivre, en empathie avec l'auteur, et au-delà, à expérimenter indirectement avec lui la disjonction de l'absolu. N. Bouvier nous fait quasi-vivre le centre absolu, il en certifie en tout cas la possibilité impérieuse. Et l'on voit ici à quel point la désolation propre au voyage n'est ni désolante ni isolante : elle se vit au contraire dans l'empathie du centre et révèle un monde qui n'est pas tant l'addition des mondes-noyaux propre à chacun que l'aura du principe absolu que nous pouvons chacun être, et qui s'indique dans ce sursaut, cette disjonction qui nous permet de nous arracher à nous-même pour nous découvrir absolument.

chapitre 8
nouveau départ : voyager léger

Qu'un tel parallèle soit possible avec l'angoisse implique des précisions quant à la coloration affective propre au voyage. La découverte du monde peut nous faire vivre toute la gamme des plaisirs et des peines, sans que le plaisir l'emporte nécessairement. Si le spectacle d'une montagne, en Afghanistan, comble le voyageur (« j'ai passé une bonne heure immobile, saoulé par ce paysage apollinien »[1]) en offrant une expérience exemplaire, Nicolas Bouvier reconnaît parfaitement que le voyage ne se réduit pas à cette découverte heureuse du monde :

> Il est temps de faire ici un peu de place à la peur. En voyage, il y a ainsi des moments où elle survient, et le pain qu'on mâchait reste en travers de la gorge. Lorsqu'on est trop fatigué, ou seul depuis trop longtemps, ou dans l'instant de dispersion qui succède à une poussée de lyrisme, elle vous tombe dessus au détour d'un chemin comme une douche glacée[2].

Le plaisir du voyage ne doit donc pas faire oublier la possibilité de la peur (celle-ci peut même surgir sans transition après un grand moment de plaisir), une peur qui peut cesser de s'attacher à des objets particuliers et devenir plus atmosphérique sinon virer à

1. N. Bouvier, *L'usage du monde*, *op. cit.*, p. 374.
2. *Ibid.*, p. 97-98.

l'angoisse la plus extrême. Ainsi Nicolas Bouvier décrit-il une promenade le long du fleuve, à Ispahan, qu'il doit interrompre tant une menace indistincte se fait soudain sentir :

> Curieux, comme tout d'un coup le monde s'abîme et se défile. Peut-être le manque de sommeil ? ou l'effet des vaccins que nous avions refaits la veille ? ou les Djinns qui – dit-on – vous attaquent, le soir, lorsqu'on longe un cours d'eau sans prononcer le nom d'Allah ? Moi, je crois plutôt ceci : des paysages qui *vous en veulent* et qu'il faut quitter immédiatement sous peine de conséquences incalculables, il n'en existe pas beaucoup, mais il en existe. Il y en a bien sur cette terre cinq ou six pour chacun de nous[1].

Beauté et plaisir semblent ici totalement s'effacer et le paysage se teinter d'une angoisse quasi maléfique. Il ne s'agit évidemment pas pour nous de juger du caractère illusoire ou non de cette diabolisation des lieux : le voyage est émotion et donc, comme Sartre l'a noté, transformation « magique »[2] de l'espace. Plus essentielle nous paraît l'idée suivante : le monde est d'autant moins l'addition de ce qui est objectivement qu'il recèle, comme magiquement, la discontinuité de l'insupportable : ce qui devrait ne pas être, ce que l'on ne voudrait pas y voir s'y trouve pourtant contenu. Comment une ville comme Ispahan, dont Bouvier vantait l'émerveillement quelques lignes plus haut dans son texte, peut-elle tolérer dans ses parages ce paysage si effrayant ? Le monde échappe décidément à la logique de la continuité et de l'additivité : son ordre et son unité ne peuvent se vérifier dans une entreprise de totalisation, quoiqu'il faille les reconnaître, exactement comme la variation parfois brutale des sentiments vécus en voyage ne remet pas en question l'unité subjective du voyageur.

1. N. Bouvier, *L'usage du monde*, *op. cit.*, p. 235.

2. *Cf.* « dans l'émotion, la conscience se dégrade et transforme brusquement le monde déterminé où nous vivons en un monde magique », Sartre, *Esquisse d'une théorie des émotions*, Paris, Hermann, 1965, p. 56.

Il faut donc reconnaître qu'une large palette de sentiments est possible en voyage, tout comme il faut reconnaître le caractère parfois brutal de la succession des sentiments. Ajoutons que ces sentiments sont souvent loin d'être distincts. C'est là ce qui se dégage du texte suivant, qui décrit la fatigue du voyageur après le franchissement d'un col en Iran et son étape dans une maison de thé :

> Échoué sur le bat-flanc, trop vibrant d'épuisement pour que le sommeil vienne, on regarde la jarre d'eau potable qui sue à grosses gouttes. (...) Du temps passe ... on perd le fil et lorsqu'on le retrouve c'est pour voir le patron poursuivre à longues foulées menaçantes un poulet auquel il veut trancher la gorge (...)
> Ensuite on s'intéresse au grain du tapis sous ses épaules, ou à ce petit muscle qui se contracte dans votre joue comme un animal pris au piège. Puis, à mesure que les nerfs se détendent et que le soleil descend, vous vient cette fatigue comblée, cette envie d'adorer, d'engager son sort, qui vous prend tout à coup et libère, à une profondeur que d'ordinaire on néglige, un surcroît de vie violente qu'on ne sait comment employer[1].

À la fatigue sinon l'épuisement se mêle une forme d'hébétude qui vire à l'étonnement, puis à la surprise (lorsque le voyageur semble être réveillé par l'agitation du patron courant après le poulet auquel il veut trancher la tête). Et dans ses dernières lignes, le texte suggère une forme de sérénité qui se gonfle, *in fine*, d'exaltation.

Toutes ces variations et combinaisons affectives révèlent l'étrange état du voyageur mais aussi la transformation du sens que peuvent prendre les sentiments. Tout se passe en effet comme si le voyage était l'occasion d'une refonte du statut même des états affectifs : l'opposition du plaisir et de la peine, notamment, si elle n'est pas totalement remise en question, devient souvent plus trouble.

1. N. Bouvier, *L'usage du monde*, *op. cit.*, p. 270-271.

Que conclure de ces variations et ambivalences affectives ? Plutôt que de s'arrêter à un simple constat relativiste, il nous semble possible de dégager une spécificité affective du voyage, que nous associons là encore aux figures du recul et de la séparation. Si les sentiments sont plus variés et surtout plus troubles, c'est que le voyageur semble plus distant, en tout cas plus difficile à situer.

Précisons : alors même que l'écrivain-voyageur décrit les situations dans lesquelles il est pris, il semble, on l'a déjà noté, moins acteur que spectateur des événements. Il y a en effet dans l'écriture de Nicolas Bouvier une forme de recul et de distance qui lui donne une hauteur phénoménologique d'autant plus remarquable qu'on ne peut la comprendre simplement comme une forme d'atténuation des sentiments.

Ce recul ou cette distance ne peuvent notamment pas être simplement imputés au décalage temporel déjà signalé (le fait que Bouvier écrive parfois longtemps après les événements). Cette qualité littéraire dans l'évocation des sentiments ne doit pas davantage être envisagée comme une invention ou une simple marque de style : si qualité littéraire il y a, elle réside plutôt dans sa fidélité à l'expérience vécue. Car cette distance littéraire peut se comprendre, de façon analogique, comme la marque de cette consécration de la distance propre au voyage. Nicolas Bouvier vit la peur, la joie ou l'exaltation, mais ce vécu se dédouble en quelque sorte dans le redoublement de sa conscience, et ce redoublement se fait plus ou moins sentir par le voyageur. En même temps donc qu'il découvre le monde selon telle ou telle disposition affective, il se voit et se sent ressentir : l'exaltation qu'il vit finalement dans la maison de thé iranienne que nous évoquions plus haut est sans doute réelle, et son expression est aussi belle que juste (Bouvier parlait d'une « envie d'adorer, d'engager son sort »). Toutefois cette justesse ne réside pas seulement dans le bon usage de la langue ou l'à-propos des expressions utilisées. Elle est encore dans sa situation phénoménologique : le fait qu'un tel sentiment apparaisse à ce moment-là, dans cette tchâikhane du bout du monde, en faisant suite à d'autres sentiments, très différents (fatigue, étonnement, surprise effrayée ...), lui donne une coloration particulière, comme si l'incongruité de cette exaltation apparaissait en même temps qu'elle.

Encore une fois, il ne s'agit pas de comprendre cette situation phénoménologique comme une relativisation ou une atténuation ironique de l'exaltation : celle-ci a existé, et Bouvier, dans la justesse de sa retranscription littéraire, rend aussi hommage à son authenticité. Mais ceci ne suffit pas à rendre compte de ce qui a été vécu à ce moment-là : un sentiment n'est pas un état générique, il est toujours teinté par les circonstances. Et, en l'occurrence, il semble impossible d'évoquer cette exaltation sans passer par une forme d'étonnement légèrement amusé.

Pour bien faire saisir à quel point cette distance affective ne relève en rien de l'atténuation et correspond à une forme de hauteur phénoménologique, on pourrait dire que le sentiment du voyageur est un sentiment réduit, en donnant à cette réduction le sens fort qu'elle a pour le phénoménologue.

Le sentiment réduit n'est pas un sentiment minoré ou relativisé. Au contraire, il gagne sans doute en précision et en intensité phénoménologique tant il est arraché à sa situation naturelle : le voyageur n'est pas simplement englué dans son sentiment ; en même temps qu'il le vit, il peut le regarder, se voir l'éprouver, dans le dédoublement du spectateur phénoménologique.

Ce terme de « réduction » est d'ailleurs employé par Bouvier lui-même[1], certes sans qu'il n'y ait chez lui aucune volonté de

1. N. Bouvier, *L'usage du monde*, *op. cit.*, p. 72.

se référer à un concept phénoménologique. Toutefois, l'usage du terme de réduction ne nous paraît pas totalement étranger à sa signification husserlienne. Réduit – c'est-à-dire arraché à sa situation naturelle (ici le vêtement de ses habitudes et croyances habituelles) – le voyageur en ressort paradoxalement grandi. Car s'il est ramené « à de plus humbles proportions »[1], il faut comprendre ce « rétrécissement » comme un recentrement qui favorise, paradoxalement, l'élargissement du monde (le voyageur, nous dit Bouvier, est « plus ouvert »[2]).

Ce paradoxe d'une réduction « élargissante » se retrouve à différents niveaux dans l'écriture de Nicolas Bouvier – aussi bien dans les caractéristiques spatiales des descriptions que leur dimension temporelle. C'est ce que l'on peut notamment voir dans les passages les plus descriptifs, moins axés sur la dramaturgie du voyage que la peinture des paysages :

> Bogoiévo-des-Tziganes est en contrebas de la digue, dans un pré solitaire verdi par un ruisseau. Autour du village, de petits chevaux paissent à l'attache sous des bosquets de saules ou de tournesols. Deux rangées de chaumières formaient une rue large et poussiéreuse où une portée de gorets noirs chargeaient et culbutaient, ventre au soleil. On venait de faire boucherie ; devant chaque seuil un paquet d'entrailles bleues fumait dans un pot de grès. Le village était silencieux mais au milieu de la rue déserte, trois chaises étaient préparées pour nous autour d'une table boiteuse qu'un mouchoir rouge couvrait comme un carré de sang frais[3].

Même si la description part en quelque sorte du plan d'ensemble (sur le village) pour aller vers le plan rapproché (jusqu'à la table dressée pour les voyageurs), un sentiment de distance et d'éloignement demeure : l'avancée réelle des voyageurs vers le village et cette table est comme contrecarrée, à tout le moins

1. N. Bouvier, *L'usage du monde*, *op. cit.*, p. 72.
2. *Ibid.*
3. *Ibid.*, p. 43-44.

débordée par un regard qui reste distant, de sorte que le texte nous donne une impression très picturale : nous pouvons certes focaliser notre regard sur un détail (le mouchoir rouge posé sur la table), le plan d'ensemble offert par la toile en sa totalité demeure. Car c'est en tant que détail contrastant – là encore de façon très picturale ou très visuelle puisqu'on imagine très bien la façon dont la tache rouge du mouchoir se détache du paysage poussiéreux – que le proche existe, de sorte que le tout demeure à l'arrière-plan des parties.

Ce regard « élargi » a aussi une dimension temporelle : l'usage de l'imparfait, et même du présent dans le début du texte, a tendance à éterniser les choses, à faire oublier la dramaturgie (les voyageurs se rapprochent objectivement du village et de la table) au profit de cette description picturale, comme s'il s'agissait moins de narrer une expérience subjective que de rentrer dans la temporalité obstinée de la nature et des objets. Pour être plus précis, ce n'est pas que l'on s'arrache au temps humain pour vivre celui des choses, mais plutôt que l'on s'installe dans le vécu des choses : l'écoulement temporel n'est alors plus continu et une autre temporalité, distendue, apparaît avec le spectateur phénoménologique qui s'est arraché à l'acteur réel, pour le compléter et le recouvrir à la fois.

Ajoutons que même les textes qui rentrent davantage dans la dramaturgie font preuve d'une capacité de distanciation spatiale et temporelle analogue. C'est ce que l'on peut notamment voir dans l'extrait suivant, qui narre une étape du voyage, en Serbie :

> Une grappe de gamins perchés sur la voiture nous dirigea jusqu'à la porte. Avec des cris de bienvenue, des mains jointes, des regards très bleus et quelques postillons, on nous fit entrer dans un appartement spacieux et délabré. Peluche, piano noir, un portrait de Pouchkine, une table formidablement servie et, installée dans un rayon de soleil, une grand-mère cassée par l'âge qui nous broya la main dans une poigne de fer. L'instant d'après le docteur arrivait au pas de course :

> un chaleureux ce docteur, un lyrique, l'œil myosotis et la moustache candide. Il connaissait Genève, parlait français avec une voix de stentor et nous remerciait de Jean-Jacques Rousseau comme si nous l'avions fait nous-mêmes[1].

Ici, notre voyageur – qui est objectivement à l'intérieur de la voiture prise d'assaut par les enfants – se dédouble en un narrateur qui semble extérieur à la situation et capable de la décrire du dehors. L'agitation de cette arrivée est remarquablement décrite mais en même temps comme déréalisée, sans que cette déréalisation soit une minoration : les postillons nous atteignent et l'on sent la poigne de fer de la grand-mère, mais ces détails quasi réels pour nous ont paradoxalement la dimension du lointain. Une fois de plus, en même temps qu'il les vit, le voyageur semble capable de les narrer, de les observer, de sorte que les postillons évoqués sont à la fois ce qui nous souille et nous amuse. Grâce à cette distanciation, les événements ont beau s'enchaîner (« au pas de course » nous dit-on), la continuité dramatique explose dans une autre temporalité, émotionnelle en quelque sorte, si tant est vrai que l'émotion n'est pas seulement transformation magique de l'espace mais encore du temps. Ce dédoublement du temps s'atteste notamment dans une sorte de résonance du vécu par-delà la continuité des instants : c'est ainsi que les épanchements rousseauistes du médecin, loin de se réduire à quelques mots venant de lui, sont aussi décrits dans leur écoute et leur appréciation par le voyageur. Le « comme si nous l'avions fait nous-mêmes » distend la situation, l'évoque en même temps qu'il nous en arrache, pour faire entendre un curieux mélange d'ironie, de tendresse et de complicité.

L'écriture de Bouvier présente ainsi une forme de réduction analogue à celle qui peut se jouer en phénoménologie, en tant qu'elle donne à lire une forme d'arrachement aux situations

1. N. Bouvier, *L'usage du monde*, *op. cit.*, p. 47.

naturelles qui, loin de perdre le monde, le manifeste au contraire d'autant mieux. Cette manifestation peut se comprendre comme une déréalisation, à condition de donner à ce terme un sens original : le réel n'est perdu qu'en tant qu'il se donne comme factualité indépassable dans les situations naturelles. Il est en revanche « gagné » en tant qu'il apparaît dans ses liens avec la possibilité et/ou la nécessité. Le paradoxe pourrait s'envisager ainsi : en passant au second plan, derrière la possibilité et/ou la nécessité, la réalité perd le statut de simple effectivité pour se troubler d'une manière essentielle : le réel retrouve la force et la dynamique du possible, sinon celle de la nécessité.

Le voyageur et le phénoménologue partagent donc selon nous une découverte de la phénoménalité qui se caractérise comme invention modale. Avec l'*épochè*, le regard du phénoménologue « se trouve libéré de l'entrave la plus forte et la plus universelle, encore que la plus cachée, son entrave intime : celle de la prédonnée du monde »[1]. Or, en s'arrachant au monde naturel et à ses attentes, le phénoménologue (ré)invente la possibilité du monde. Celui-ci n'est plus seulement le « toujours-déjà-là » effectif que nous anticipions ou aurions pu anticiper; il a, avec celui qui effectue l'*épochè*, comme basculé dans l'invention d'un autre : « je me tiens *au-dessus* du monde, qui désormais est devenu pour moi, en un sens absolument unique du terme, un *phénomène* »[2]. Ce « devenir-phénomène » du monde doit ainsi se comprendre en parallèle du « devenir-phénoménologue » de celui qui effectue la réduction : il y a là une sorte d'allègement et d'élévation, comme si le fait de perdre son inscription naturelle offrait au spectateur phénoménologique, comme au monde, une « repossibilisation ».

1. Husserl, *La crise des sciences européennes et la phénoménologie transcendantale*, *op. cit.*, p. 172.

2. *Ibid*, p. 173.

À quoi il faut d'emblée ajouter que cette « repossibilisation » se comprend comme une quasi « nécessitation » tant l'un et l'autre semblent gagner en éminence. Car si « les faits sont têtus », il est un autre entêtement, qu'on doit au possible, dans sa capacité à se rappeler à la factualité et s'imposer par-delà toutes les déterminations. C'est pourquoi, si le spectateur phénoménologique « décolle » et se tient au-dessus du monde en voyage, le phénomène du monde « décolle » tout autant du monde naturel pour se placer en vis-à-vis de ce spectateur phénoménologique. En ce sens, le phénomène est bien un bouleversement modal : il remet en question la distinction du possible, du réel et du nécessaire, en envisageant le réel sous l'angle d'une « repossibilisation » qui apparaît comme nécessaire, ne serait-ce que parce que cette « repossibilisation » élève notre intelligence du monde[1].

Ce trouble dans la modalité (réduction du réel et manifestation du possible-nécessaire) est sans doute ce qui fonde le trouble dans l'affectivité : la confusion des sentiments et la réduction du sentiment sont liées à cette ontologie du voyage, dans laquelle le réel ne suffit plus à rendre compte de ce qui est, s'il n'est retravaillé par le possible sinon le nécessaire. C'est pourquoi ce sentiment réduit peut aussi s'envisager comme un sentiment du possible ou une possibilité du sentiment : celle de ne plus être déterminé par une coloration affective unique, de connaître le trouble ou la variation, d'admettre les ambivalences sinon la contradiction. Le sentiment se met au diapason de cette irruption du possible (d'une possibilité qui *peut* même virer à la nécessité) à l'œuvre dans la manifestation du monde. C'est

1. Cette nécessitation du possible, par-delà le sens habituel du réel, peut aussi s'envisager sous un angle esthétique. Sur ce point, *cf.* notre propre article : « Pour une phénoménologie de l'évidence esthétique », *Studia phaenomenologica*, XVII, Zeta Books, 2017, p. 405-416.

parce qu'il se caractérise comme un tel sentiment du possible que le vécu affectif du voyageur connaît les paradoxes que nous avons soulignés, et notamment celui d'une angoisse ni désolante, ni isolante. L'effondrement du monde de la familiarité peut s'envisager avec une hauteur de vue qui protège, révèle et légitime.

Ajoutons, pour finir, que ce sentiment réduit, ou sentiment du possible, peut encore être caractérisé comme *légèreté*. Après un long trajet sur une piste de l'actuelle Turquie, à l'est d'Erzerum, Nicolas Bouvier narre une nuit passée à la belle étoile, à côté de sa voiture :

> Adossé contre une colline, on regarde les étoiles, les mouvements vagues de la terre qui s'en va vers le Caucase, les yeux phosphorescents des renards. Le temps passe en thés brûlants, en propos rares, en cigarettes, puis l'aube se lève, s'étend, les cailles et les perdrix s'en mêlent … et on s'empresse de couler cet instant souverain comme un corps mort au fond de sa mémoire, où on ira le rechercher un jour. On s'étire, on fait quelques pas, pesant moins d'un kilo, et le mot « bonheur » paraît bien maigre et particulier pour décrire ce qui vous arrive[1].

Pourquoi le terme de « bonheur » ne lui semble-t-il pas parfaitement approprié, alors même qu'il insiste sur le caractère remarquable et mémorable de l'expérience ? L'insuffisance du mot a sans doute partie liée avec le trouble dans l'affectivité que nous avons voulu décrire. Car par-delà le plaisir (ou la peine) se joue ici un sentiment qui n'est pas tant un état d'âme qu'une épreuve insigne de l'être-au-monde. La possibilité d'un sentiment autre, marqué du sceau de l'éminence, est directement liée à une « repossibilisation » de la signification de l'existence :

> Finalement, ce qui constitue l'ossature de l'existence, ce n'est ni la famille, ni la carrière, ni ce que d'autres diront ou penseront de vous,

1. N. Bouvier, *L'usage du monde*, *op. cit.*, p. 111-112.

> mais quelques instants de cette nature, soulevés par une lévitation plus sereine encore que celle de l'amour, et que la vie distribue avec une parcimonie à la mesure de notre faible cœur[1].

Comment comprendre une telle lévitation ? et comment comprendre qu'elle puisse paradoxalement fournir l'ossature de l'existence, soit ce qui structure et maintient ? Le terme a des connotations mystico-religieuses qui peuvent d'autant plus intriguer que le « miracle » de la lévitation est évoqué dans un autre texte de Nicolas Bouvier, lorsque ce dernier, perdu « entre le réel et l'occulte[2] » narre sa rencontre fantasmatique avec un religieux, le père Alvaro, qui disparaîtra en s'élevant magiquement dans les airs[3] …

Il nous semble toutefois que cette lévitation peut elle-même « s'alléger » de toute cette mystique, lorsqu'elle est – et c'est le cas dans l'extrait de *L'usage du monde* que nous venons de citer – entendue comme une sorte d'accès à la légèreté essentielle de l'existence.

Cette légèreté peut se définir comme une forme de sérénité existentiale où se joue l'assomption de l'être-au-monde : se sentir léger, c'est en quelque sorte se sentir allégé du poids du monde objectif et participer à l'élévation du monde qui se dresse devant nous. Encore une fois, ce monde réduit à son pur phénomène s'indique à distance, mais dans une séparation qui implique un allègement analogue de notre part.

La légèreté sera donc pour nous le nom du sentiment réduit, déjà envisagé comme sentiment du possible. Pour le dire autrement, la légèreté constitue le versant affectif de la réduction. Réduire n'est pas seulement comprendre autrement le monde, c'est aussi un sentir et un se-sentir qui impliquent fondamentalement la

1. N. Bouvier, *L'usage du monde*, *op. cit.*, p. 112.
2. N. Bouvier, *Le poisson scorpion*, *op. cit.*, p. 130.
3. *Ibid.*, p. 137-149.

différence charnelle. À lire Nicolas Bouvier, la réduction nous apparaît comme une épreuve éminente de cette différence : le corps se soulève en se rappelant à la différence charnelle, il tend vers la nécessaire distinction de la chair sans pouvoir toutefois véritablement échapper à son inscription objective. C'est pourquoi l'essence de l'existence reste une « ossature » et le poids du voyageur, aussi négligeable qu'il soit (« moins d'un kilo » nous dit-il), demeure mesurable : la légèreté doit composer avec la finitude (qui se fait jour dans l'évocation de « notre faible cœur » dans le texte de Nicolas Bouvier).

Mais le rappel de cette finitude n'entame en rien la possibilité d'une légèreté authentique : l'« ossature » de l'existence ne doit pas seulement s'entendre comme le reliquat indépassable d'une vie physique et d'une structure physiologique qui empêcheraient la manifestation de la chair. Il ne faut pas opposer l'os ou le squelette à la chair, mais comprendre au contraire la chair comme une ossature autre, c'est-à-dire un principe de structuration et de configuration du corps distinct du squelette physique. La légèreté est sentiment du possible justement parce que la chair constitue une telle ossature : elle repossibilise le corps en le reconfigurant, c'est-à-dire, ici, en l'allégeant autant que possible, en lui ôtant ses attaches mondaines, pour mieux lui permettre d'envisager le phénomène du monde. C'est pourquoi le voyageur, au sens fort que nous voulons donner à ce terme, peut voyager « léger » : aussi encombré soit-il (véhicule, bagages, souvenirs, appréhension ...), la rencontre avec le phénomène du monde le débarrassera en lui faisant ressentir la légèreté sereine du rappel charnel.

chapitre 9
nouvel arrêt : la dé-finition du sujet

Mais comment le sujet peut-il s'alléger ? Comment ce qui soutient du dessous peut-il s'élever et comme flotter au-dessus des choses ? Comment le fondement de l'expérience peut-il perdre en gravité, s'émanciper sinon se volatiliser ? La légèreté que nous lisons dans les récits de voyage de Bouvier nous amène à revenir sur le problème de la disparition du voyageur et à interroger la pertinence du concept de sujet pour définir ce dernier.

Le problème auquel nous nous confrontons maintenant doit nous amener à reprendre la caractérisation de la légèreté. Celle-ci n'est pas à entendre comme une dissipation de la subjectivité mais comme sa « dé-finition » : il nous faut en effet décrire une perte de contour et de gravité qui, paradoxalement, rassemble et recentre. Loin donc de défaire la subjectivité, la légèreté doit au contraire se concevoir comme l'expérience de sa redynamisation.

Pour comprendre ce paradoxe, il faut d'abord envisager la dé-finition comme une forme de « dé-particularisation ». Le phénomène du monde, dans l'éclat de sa manifestation, semble bien effacer le voyageur, gommer sa présence réelle, ses particularités, l'alléger de son poids et même de son image :

> J'ai rasé ce matin la barbe que je portais depuis l'Iran : le visage qui se cachait dessous a pratiquement disparu. Il est vide, poncé comme un

> galet, un peu écorné sur les bords. Je n'y perçois justement que cette usure, une pointe d'étonnement, une question qu'il me pose avec une politesse hallucinée et dont je ne suis pas certain de saisir le sens[1].

Le voyageur semble ici perdre jusqu'à son identité, usé, élimé, gommé, poncé qu'il est par le voyage. La dé-finition peut ainsi apparaître comme une disparition de tout ce qui faisait du voyageur un individu particulier : il perd ses repères mais aussi ses traits caractéristiques, son visage, jusqu'à devenir « personne » (Bouvier évoque, un peu plus loin dans son texte, la ruse d'Ulysse devant le cyclope), ce qui pourrait signifier aussi bien disparaître que devenir tout un chacun.

Toutefois, ce « personne » peut encore désigner une figure de la subjectivité : d'abord parce que le sujet apparaît ici comme un principe de résonance (*per-sonare*), de sorte que le trait d'union de la « dé-finition », loin de simplement accentuer le sens destructeur du préfixe, pourrait aussi marquer la persistance, malgré tout, d'un lien. La « dé-finition » demeure une définition, en désignant une redéfinition.

Le texte que nous venons de citer nous y invite lorsqu'il caractérise le voyageur par une forme de tension entre évanescence et concrétion : le « détachement » et la « transparence » renvoient certes à la légèreté évoquée et à cette impression de dissipation de la subjectivité; mais le visage (et à travers lui la subjectivité) est également décrit comme une sorte de « galet » poli par l'usage du monde, comme si la légèreté pouvait et devait en même temps s'envisager en tant que solidité minérale. De la même manière que le texte que nous citions précédemment renvoyait finalement la légèreté à une forme d'ossature, ce texte montre un voyageur qui, loin de disparaître, est comme épuré et minéralisé.

1. N. Bouvier, *Le poisson-scorpion*, *op. cit.*, p. 53.

L'évanescence subjective n'est donc pas en contradiction avec la découverte d'une certaine forme de « substantialité », qui apparaît toutefois moins comme le noyau stable et positif de l'identité ultime qu'une pure potentialité : ce galet ou « noyau » subjectif est moins la détermination dernière de l'individu que l'indication d'une plasticité fondamentale de la subjectivité. La perte du moi et la confrontation quasi hallucinatoire avec l'altérité sont aussi l'occasion paradoxale d'une certaine reconnaissance, celle d'une possibilité de soi, sinon du soi comme possibilité : le galet, sur sa surface polie, pourra réfléchir bien des aspects du monde, comme l'ossature permet au corps de se mouvoir et de prendre des formes différentes. Autrement dit, s'il est une définition substantielle du sujet, elle est de nature plastique : la subjectivité trouverait à se définir, dans sa dé-finition même, notamment comme possibilité de « reflet » ou d'« écho » du monde.

Ajoutons ensuite que si ces formules proposées par Bouvier semblent minorer le voyageur, elles ne sont pas forcément à entendre comme l'affirmation de sa simple passivité. Le sujet du monde, selon nous, est aussi bien celui qui subit l'usure du voyage que le principe de la manifestation du monde. Autrement dit, la sub-jectivité est ce qui sous-tend l'accueil et la révélation du phénomène du monde, et le voyageur est sujet en tant qu'il est apparisseur/apparhéteur du monde. Comment comprendre et justifier cette « activité » principielle jusque dans la quasi-disparition de l'individu particulier ?

La métaphore minérale du sujet comme « galet » doit ici être filée et mise en relation avec un texte précédemment cité, lorsque Nicolas Bouvier, au moment de quitter l'Afghanistan, s'extasiait à la vue d'une montagne. *Sous son regard*, la montagne devenait une « prodigieuse enclume de terre et de roc » autour de laquelle tout, jusqu'à sa personne, semblait prendre sens :

> L'étendue de montagne, le ciel clair de décembre, la tiédeur de midi, le grésillement du narghilé et jusqu'aux sous qui sonnaient dans ma poche, devenaient les éléments d'une pièce où j'étais venu, à travers des obstacles, tenir mon rôle à temps[1].

Si la montagne recentre ici le monde, et si le voyageur lui-même semble n'avoir de sens que relativement à cette reconfiguration du monde, il demeure le principe de cette reconfiguration dans la mesure où elle ne peut se faire que *sous son regard*. Autrement dit : la « prodigieuse enclume de roc et de terre » n'a que la densité offerte par le « galet » poli qui la réfléchit. Une telle réflexion n'est donc pas à comprendre comme un simple processus optique et mécanique; elle implique au contraire une certaine activité subjective, comme si la recentration du monde autour de ce noyau minéral qu'est la montagne reflétait celle d'une subjectivité elle-même recentrée sur son pouvoir de réflexion.

Comment comprendre cette activité réflexive? On pourrait d'abord dire que la subjectivité est ici engagée en tant qu'assistance, au double sens du terme[2] : elle assiste au spectacle du monde parce qu'elle l'assiste. Cette ambivalence s'observe en effet dans la métaphore choisie par Bouvier lui-même, qui se voit à la fois comme spectateur (il jouit du spectacle) et acteur (il joue son « rôle ») de la « pièce » à laquelle il assiste.

Mais quel est alors précisément le « rôle » de la subjectivité? Remarquons d'abord que si Nicolas Bouvier se reconnaît un rôle dans l'expérience qu'il vit, c'est que la rencontre avec le monde ne peut simplement se comprendre comme une disparition du voyageur et implique au contraire de se ressaisir : la dé-finition de

1. N. Bouvier, *L'usage du monde*, *op. cit.*, p. 374.

2. L'ambivalence de l'assistance nous avait déjà servi à comprendre le sujet esthétique (cf. *Le visible et l'intouchable*, L'Âge d'homme, Genève, 2016). Elle est encore de mise ici, sans doute parce que le voyageur et le spectateur de l'œuvre d'art constituent des figures de la subjectivité qui se recoupent en partie.

la subjectivité doit en effet se comprendre comme une expérience remarquable de la conscience de soi. C'est d'ailleurs pourquoi le texte évoqué plus haut relevait de l'autoportrait. À la faveur d'un simple rasage devant le miroir, Nicolas Bouvier semblait se découvrir ou plutôt se redécouvrir, avec étonnement, presque comme on découvrirait un autre. Il s'observait de l'extérieur, se réfléchissait, avec la lucidité qui caractérise le dédoublement du spectateur phénoménologique. À cet égard, la référence à Ulysse (qui apparaît d'ailleurs plusieurs fois dans le *Poisson-scorpion*) est très intéressante : elle a certes son sens dans l'économie générale du livre (qui narre la difficulté du retour), mais, ici, elle semble davantage destinée à préciser ce qu'il en est de la dé-finition du voyageur. Devenir « personne », c'est devenir non pas rien, mais, encore une fois, ce à travers quoi quelque chose peut sonner, résonner, et donc apparaître. Le reflet n'existe pas sans le miroir, l'écho sans la caisse de résonance : de la même manière, le monde ne saurait apparaître sans le voyageur réduit en apparisseur/apparhéteur.

Découvrir le monde signifie donc se redécouvrir, et ainsi saisir le rôle que l'on joue dans cette découverte. Reste maintenant à préciser ce qu'il en est de ce rôle. En quoi peut-on dire que le voyageur est véritablement principe de l'apparition du monde? De prime abord, ce rôle pourrait sembler bien secondaire : il consisterait simplement à se trouver au bon endroit et au bon moment pour jouir du spectacle qui se donne. Une correction s'impose toutefois dès lors que l'on reconnaît que le voyageur ne doit pas seulement être au bon endroit et au bon moment, mais bien *saisir* cette opportunité, la comprendre, la réfléchir, apprécier toute la pertinence du *kairos*. Or, selon nous, une telle saisie n'est possible que parce que le voyageur, en même temps qu'il est à l'endroit où il faut au moment où il le faut, se situe justement « ailleurs » et n'est pas tout à fait là, à la fois en amont et en aval de l'événement.

Comment comprendre un tel paradoxe ? Il pourrait d'abord se reformuler ainsi : le monde peut apparaître au voyageur parce qu'il n'y a pas, à proprement parler, de présence à soi du voyageur ni de présence au monde. Tout se passe en effet comme si le spectacle de cette montagne était moins le reflet de la situation présente du voyageur que le résultat d'une double anticipation, fondamentalement paradoxale : l'« anticipation rétroactive » de ce qui l'aura permis, ainsi que le « devancement » de sa perte.

Comment comprendre que le sujet ne soit pas vraiment *présent* ? Essentiellement parce que ce présent ne peut plus se rattacher que problématiquement au passé et à l'avenir. D'abord, devant cette montagne, Nicolas Bouvier affirme relire tout ce qui aura précédé comme l'anticipation du rôle qu'il avait à jouer : le voyage passé n'a soudain de sens qu'en tant qu'il lui aura permis de tenir son rôle « à temps ». Le voyage est ainsi compris comme une anticipation aussi heureuse que contradictoire : il apparaît en effet comme une anticipation de l'imprévisible (l'événement que constitue l'apparition de cette montagne ne pouvait être prévu) et comme une anticipation *rétroactive*. À partir de cette apparition de la montagne, le passé est en quelque sorte réordonné pour prendre sens, sans que ce ré-ordonnancement puisse être effectif dans sa totalité. En quoi les quelques sous dans la poche du voyageur sont-ils en effet nécessaires à l'événement phénoménologique de l'apparition d'une montagne ? Quel lien, fut-il rétroactif, peut-on véritablement mettre en évidence entre ces éléments de l'expérience ? Nul doute que le voyageur lui-même serait incapable de répondre à une telle question, quand bien même il lui semble pouvoir affirmer qu'un tel lien devrait exister. Car le sens ne se donne pas ici dans une concaténation (pas même rétrospective) des esquisses, mais plutôt dans une intensité affective telle qu'elle semble à même de rassembler le discontinu.

Par ailleurs, cette montagne demeure l'enjeu d'une anticipation fondamentalement inachevée dans la mesure où elle n'est pas donnée *hic et nunc* – ni même pré-donnée dans une anticipation de la perception – tant l'affirmation de son sens déborde toute appréhension réglée. Son anticipation est d'une nature différente de celle qui se joue dans la perception d'objet : il ne s'agit pas tant de tendre vers une complétion de plus en plus achevée de sa donation que de reconnaître que celle-ci est à la fois complète, à compléter et inachevable.

Complète, parce que cette apparition de montagne, comme on l'a vu, donne le monde lui-même, bien que de manière « horizonale », dans le seul rayonnement de son noyau phénoménal.

À compléter, ensuite, parce que ce rayonnement semble suggérer que le monde, dans sa totalité effective, pourrait se donner dans cette appréhension, quoique le noyau seul (en l'occurrence, la vision de la montagne et des circonstances de son apparition) apparaisse véritablement. Ce rayonnement est en effet *mondial* : il implique l'ensemble des objets spatiaux, qu'ils soient décrits (jusqu'aux sous dans la poche du voyageur, nous dit-il) ou non, proches ou lointains ; il implique tout autant les événements temporels, passés, présents et futurs, et c'est pourquoi le passé même semble devoir se relire et s'appréhender d'une nouvelle manière, comme s'il n'existait que pour permettre l'apparition … Voilà comment l'anticipation peut prendre la forme bien paradoxale de la rétroactivité.

Inachevable, enfin, parce que ce travail de complétion ne connaît en fait ni ordre ni progrès : toute tentative de complétion recommence en quelque sorte à zéro la donation du monde, car celui-ci, en tant qu'il s'offre comme horizon, est à la fois déjà donné et à compléter. En ce sens, l'anticipation est rétroactive car ce qu'elle anticipe est à la fois déjà donné et impossible à construire : c'est plutôt qu'elle se recommence sans cesse, se reprend inlassablement, sans progrès possible. À cet égard, l'apparition du monde nous semble obéir à cette logique de « déflagration » envisagée par R. Barbaras lorsqu'il décrit, à partir de Merleau-Ponty, la cosmogonie du visible : le monde surgit devant le voyageur dans une déflagration telle qu'elle « ne s'abolit pas dans ses éclats »[1], « perdure comme explosion et a donc lieu une fois pour toutes »[2].

À cette anticipation paradoxale s'ajoute, nous l'avons dit, une anticipation peut-être plus surprenante encore, que nous voulons envisager comme *devancement de la perte*. Qu'en est-il de ce devancement ? Il peut d'abord se voir dans le caractère éphémère de l'expérience. Car, quand bien même la donation du monde apparaît, sous un certain jour, comme une expérience sans fin, il semble bien qu'elle n'ait qu'un temps. À peine le voyageur a-t-il fait état du plaisir qu'il prend à regarder cette montagne qu'il écrit :

> rien de cette nature n'est définitivement acquis. Comme une eau, le monde vous traverse et pour un temps vous prête ses couleurs. Puis se retire, et vous replace devant ce vide qu'on porte en soi, devant cette espèce d'insuffisance centrale de l'âme qu'il faut bien apprendre à côtoyer, à combattre, et qui paradoxalement, est peut-être notre moteur le plus sûr[3].

La donation du monde apparaît ainsi comme une sorte de « parenthèse d'éternité », que le sujet ne peut soutenir indéfiniment, comme s'il lui fallait revenir à une forme plus décevante de l'existence et de la donation phénoménologique. Il lui est ainsi impossible de « profiter » du « présent » de la donation

1. R. Barbaras, *Leçon inaugurale de la Chaire Cardinal Mercier de Louvain*, 2019.

2. *Ibid.*

3. N. Bouvier, *L'usage du monde*, *op. cit.*, p. 375.

du monde, de le capitaliser, de profiter de sa « plus-value » et de se le réserver pour l'avenir sinon le faire fructifier : la jouissance présente disparaît en quelque sorte dans son caractère éphémère, évanescent, comme si le présent, loin de soutenir l'anticipation de la donation du monde (le progrès d'une appréhension de plus en plus complète), sombrait au contraire devant une anticipation plus fondamentale, que nous comprenons comme *devancement*.

Précisons : l'*appréhension* du monde qui se fait jour dans l'expérience du voyageur semble devoir s'entendre au double sens du mot. Si elle relève de l'anticipation paradoxale que nous avons déjà caractérisée – avec l'inquiétude heureuse qui la caractérise –, elle peut aussi prendre le visage de la crainte : celle de perdre cela même qui se donne, puisque cela ne peut se donner complètement, en tout cas, pas dans une progression réglée. Le monde qui apparaît se donne ainsi si peu au présent, dans le présent d'une donation processuelle, qu'il semble toujours menacer de nous filer entre les doigts. En même temps, donc, que le sujet se réjouit de la donation du monde, il lui faut craindre de le perdre ou de l'avoir jamais véritablement saisi.

Si l'on retrouve évidemment ici une figure de l'ambiguïté affective que nous analysions précédemment, sans doute serait-il également possible de penser un nouveau rapprochement entre donation du monde et donation de l'objet esthétique : l'apparition du monde nous semble en effet bien relever de la désapparition, telle que nous avons pu la caractériser dans une précédente recherche[1]. Mais au-delà de ce rapprochement possible, il nous faut tenter de comprendre pourquoi le voyageur, en même temps qu'il « anticipe » la donation du monde, devance en quelque sorte sa perte. Or, l'appréhension de cette perte de la donation du monde nous semble devoir être mise en relation

1. *Cf.* B. Delmotte, *Le visible et l'intouchable, op. cit.*, p. 142 *sq.*

avec le devancement de la perte du sujet lui-même : c'est parce que le sujet va, autant que possible, au-devant de lui-même et de sa possibilité fondamentale qu'il peut anticiper la perte du monde, et, tout autant, sa donation. Autrement dit, nous voulons voir dans un certain rapport à la mort aussi bien ce qui fonde la crainte de la perte du monde que ce qui en autorise la donation. En d'autres termes encore, la donation du monde est possible parce que le sujet s'épuise *autant que possible* dans l'anticipation de sa possibilité absolue.

Voilà pourquoi le « vide que l'on porte en soi »[1] est à la fois inquiétant, dérangeant, mais aussi un élément « moteur »[2] : ce vide ne doit pas selon nous s'envisager comme un trait psychologique propre à l'auteur de *L'usage du monde*, mais comme une structure dynamique de la subjectivité. Ce n'est pas tant un déficit qu'un principe moteur qui consiste justement dans le *devancement du possible*. Le vide qu'on porte en soi est celui qui nous *déporte*, littéralement nous diffère (puisque *ferre* signifie *porter*), nous arrache au *hic et nunc* pour anticiper et nous installer dans un *hic et post*, sinon un bien étrange *hic et postquam* : nous pouvons, ici même, envisager l'*après-que-nous-ne–serons-plus*.

Découvrir le monde relève donc d'une anticipation prodigieuse, qui implique fondamentalement la subjectivité, en reposant sur sa disjonction : il s'agit, *ici*, d'être « là », ou plutôt d'exploser la structure spatio-temporelle de la phénoménalité pour poser un ici qui s'arrache au maintenant et se déporte en même temps dans « l'ailleurs » de l'« après que ».

Avant que de revenir sur cet éclatement de la structure spatio-temporelle, remarquons que le « prodige » ne s'arrête pas là : cette expérience est en effet d'autant plus remarquable

1. Nous reprenons ici les termes de N. Bouvier dans *L'usage du monde*, *op. cit.*, p. 375.

2. *Ibid.*

que son étrangeté fait l'objet d'une reconnaissance. Car le phénomène du monde se découvre avec faveur, et nous-mêmes pouvons-nous reconnaître dans le déport de notre *différence.* À l'évidence du remplissement perceptif, qui donne la chose *en même temps* qu'elle confirme le sujet de la perception dans son anticipation, se substitue en quelque sorte celle d'une non-coïncidence, à ce qui est, comme à soi : la subjectivité se découvre à distance du monde au sein duquel elle est pourtant plongée (car le sujet reste bien *ici*), et sous un jour qui l'arrache à la familiarité. Cette non-coïncidence prend pourtant la forme d'une évidence, d'une assurance indubitable : le voyageur a beau ne pas se reconnaître *pleinement* dans le miroir, il se sent bien pris par la concrétion minérale de l'étrange « galet » qui lui fait face. De la même manière, le spectacle de la montagne a beau « abolir toute anecdote », le voyageur ne peut totalement disparaître dans cette abolition et son rôle lui est au contraire rappelé. La contemplation présente est donc l'occasion d'une saisie remarquable quoique différée de soi – mieux, d'une saisie de soi comme *différence* ou écart. Le voyageur *se diffère* en se reconnaissant dans le spectacle du monde : il s'y diffère, car en même temps qu'il jouit de ce spectacle et saisit le rôle qu'il doit y jouer, il se déporte, s'écarte en se remettant « à plus tard », de sorte que l'étonnement demeure dans la saisie de soi.

Insistons : la différence subjective qui s'indique dans la définition ne doit pas être comprise comme un différend (une divergence ou un désaccord), mais au contraire comme une forme de consentement, à soi et au monde. L'allègement est en effet d'autant moins une expérience de la disparition du sujet qu'il est charnellement vécu comme une sorte d'assentiment à l'être. Juste avant d'embarquer pour Ceylan, Nicolas Bouvier a ces mots :

> La descente de l'Inde avait été une merveille. Aujourd'hui j'allais quitter ce continent que j'avais tant aimé. La matinée était chargée de présages et plus légère qu'une bulle. À toutes ses propositions la réponse était : oui[1].

Le voyageur allégé n'est pas celui qui cesse d'être, mais au contraire celui qui se confronte à sa « dé-finition » en tant qu'il existe et se sent exister dans l'acquiescement au monde, *alors même qu'il n'y est pas totalement présent.* Ce simple « oui » marque la persistance et la force du soi, sa prodigieuse capacité à embrasser tout l'à-venir du monde alors même qu'il semble avoir été gommé par le spectacle. C'est bien pourquoi la dé-finition peut paradoxalement se décrire comme une expérience refondatrice de la subjectivité. Ce n'est pas un délitement ou une amputation, mais un recentrement de soi dans un laisser-surgir-le-monde. Le monde a la faveur du sujet, sans que cette faveur puisse être réduite à une inclination pour des objets réels, aussi grandioses soient-ils : c'est davantage une sorte une disposition favorable à la promesse du monde, comme par-delà soi, alors même que le sujet se ressaisit lui-même dans l'assomption de son dépassement. En ce sens, la subjectivité se dé-finit comme consentement à la possibilité d'un monde dont elle s'arrache tout en la conditionnant.

Le paradoxe de « l'anticipation rétroactive » trouve là un nouvel écho : Le sujet peut soutenir aussi bien l'antécédence effective du monde que la promesse de sa continuation, car il l'envisage depuis l'absoluité de sa propre différence. En d'autres termes, le sujet est condition de l'apparaître du monde au « moment » même où il envisage la possibilité que le monde soit (sera) sans lui. Autrement dit encore, il semble bien que le monde puisse apparaître *parce que* le sujet, dans sa différence, est en mesure d'envisager sa propre disparition.

1. N. Bouvier, *L'usage du monde*, *op. cit.*, p. 13-14.

Tout l'enjeu consiste maintenant à penser cette différence et à essayer de comprendre comment la phénoménologie du monde peut impliquer un tel bouleversement des structures spatio-temporelles de la phénoménalité.

La difficulté que nous rencontrons ici renvoie fondamentalement à celle de la chair et de son incorporation. La dé-finition nous ramène en effet une fois de plus à notre question initiale, celle de l'ancrage du sujet dans le monde, en réveillant les problèmes phénoménologiques propres à la distinction de la chair et du corps et la possibilité de l'absolu.

La dé-finition est un concept qui n'a d'autre sens que d'indiquer cette « problématicité » de l'ancrage du sujet dans le monde, en reconnaissant conjointement sa finitude indépassable et la possibilité de son absolutisation. Que le sujet du monde puisse s'envisager comme en dehors du monde, en vis-à-vis de son spectacle, et puisse ainsi s'abstraire et s'alléger, cela implique de comprendre comment il peut à la fois être et ne pas être son corps.

Être *et* ne pas être son corps ; être *et* ne pas être dans le monde : dans les deux cas, il importe de bien saisir l'impossibilité de se passer de la conjonction de coordination, exactement comme le trait d'union de la dé-finition nous semble ineffaçable. La belle formule de Merleau-Ponty, lorsqu'il signalait l'existence d'une « insaisissable amarre »[1] entre l'œuvre d'art et son support matériel, nous semble ici analogiquement opportune : la phénoménalisation du monde, en voyage, n'est en rien l'occasion d'une ascèse qui viserait à rompre cette amarre ; au contraire, elle vient la mettre en valeur et réaffirmer son caractère obstinément insaisissable.

Comment donc le sujet peut-il être à la fois ici et après ? La caractérisation spatio-temporelle de la subjectivité nous force à

1. M. Merleau-Ponty, *L'œil et l'esprit*, Paris, Folio-Gallimard, 1994, p. 23.

revenir sur l'ambiguïté du « centre » du monde et son inscription charnelle. Nous avons, jusque-là, suivi la thématisation husserlienne d'un centre d'orientation absolu de l'expérience en minorant quelque peu le caractère problématique de cette absoluité. Or, s'il est impossible d'exposer ce centre dans le champ perceptif et de le localiser exactement (Husserl rappelle les hésitations possibles : est-il dans l'œil ? dans l'arrière de l'œil ?, *etc.*), il reste que ce centre s'inscrit d'une certaine manière *dans* le corps en tant qu'il *est* le corps envisagé comme chair. Du centre *absolu*, il faut donc dire à la fois qu'il échappe à la localisation (comme principe de localisation) et qu'il est en quelque sorte *relatif* à la localisation du corps. C'est d'ailleurs pourquoi la définition du sujet n'est en rien sa « dé-finitude » : l'absolutisation de la subjectivité ne saurait signifier l'oubli de sa nécessaire incorporation. Le voyageur est un corps jusque dans la légèreté, dont il faut rappeler la dimension affective, charnelle : se sentir prodigieusement léger – peser « moins d'un kilo » – est encore un « se-sentir ».

Mais si tel est le cas, à quoi bon parler encore d'un centre *absolu* ? Pourquoi décrire quelque chose comme une absolutisation du sujet ? Husserl aura répondu en partie aux problèmes posés par la distinction de la chair et du corps en montrant à quel point le sujet peut – en quelque sorte et dans certaines limites – sortir de lui-même et échapper à son corps dans le rapport à l'autre. L'empathie pour autrui est une manière, pour l'*ici* absolu du sujet, d'échapper à sa propre corporéité locale et de se quasi-projeter dans l'*ici* absolu de l'autre. Autrement dit, tout se passe *comme si* la relativité de l'incorporation pouvait être dépassée par la capacité empathique du sujet. Les *Méditations cartésiennes* décrivent ainsi quelque chose comme un partage du centre qui cherche à remettre en question l'opposition de l'absolu et du relatif : du centre absolu de l'un, on peut tendanciellement échapper à la relativité de l'incorporation et analogiquement s'ancrer dans le centre absolu de l'autre.

L'expérience du voyage, telle que nous l'avons décrite à partir des écrits de Nicolas Bouvier, semble offrir une solution relativement analogue, quoique plus complexe. En voyage, il n'y a pas simple basculement empathique et analogique vers le « centre » que constitue l'autre. D'abord parce que la révélation du centre de l'autre semble remettre en question le centre que nous constituons en propre. Nous ne concevons pas le monde de l'étranger comme une simple transposition analogique du nôtre, mais comme un monde véritablement autre, qui de surcroît relativise le nôtre, au point parfois de le rendre inconsistant. Ce faisant, l'expérience du voyage nous remet également en question en tant que principe ou centre du monde. Le monde de l'autre éclipse le nôtre et nous fait quasi disparaître : nous n'existons plus, semble-t-il, qu'à la périphérie du monde de l'autre, face au spectacle qu'il nous offre.

Toutefois, nous l'avons vu, ce décentrement doit aussi se décrire comme un recentrement : la relativisation du centre que nous constituions est l'occasion d'un retour à soi, cette fois-ci comme centre « absolu » et non plus relatif. Si donc il est ici possible de penser une absolutisation du sujet, ce n'est pas tant parce que nous reconnaissons à autrui une puissance d'organisation subjective analogue à la nôtre que parce que nous sommes amenés à une réforme interne de la subjectivité, un rappel à soi-même en tant que soi-autre. Autrement dit, il nous faut nous délester d'un certain pouvoir subjectif pour nous en découvrir un autre. Le centre que nous constituions avait certes l'absoluité d'un centre d'orientation absolu dans l'espace (au sens husserlien), mais restait bien relatif en tant que principe d'organisation du monde (nos manières de penser et d'agir peuvent être relativisées). La découverte du monde de l'autre et notre apparente périphérisation dans son orbite nous permettent d'accéder à une centration que nous avons qualifiée d'absolue, en tant qu'elle semble capable de nous extraire du monde pour l'envisager à l'horizon.

Le centre absolu, en ce sens, n'est pas le centre d'un nouveau « cercle » ou d'une nouvelle « sphère » (le centre d'un monde plus vaste), mais plutôt le point absolu d'une relation d'éloignement au monde. Autrement dit, aussi défini soit-il dans sa périphérisation, le sujet est défini dans sa recentration absolue.

Qu'en est-il maintenant de l'absoluité de cette centration ? Le rappel de sa nécessaire incorporation ne vient-il pas la remettre en question ? Ici encore, une analogie avec le raisonnement husserlien nous semble possible : si le centre absolu que nous envisageons maintenant n'a pas « rompu son amarre », s'il continue à peser dans son allègement – ne serait-ce que de manière infinitésimale –, l'absoluité peut se comprendre dans une sorte de projection analogisante, non plus du moi vers l'autre (comme c'était le cas dans le texte husserlien), mais du sujet vers lui-même, dans une sorte de « radicalisation de son absoluité » : il ne s'agit plus seulement de se vivre comme *ici* absolu, origine de toute localisation, mais comme possibilité absolue, laquelle implique le devancement de la mort. Le sujet absolu voit le monde parce qu'il semble s'en retirer jusqu'au point où il le verrait s'il était mort. Autrement dit, la vision du monde devient possible parce que lui-même, en tant qu'il est nécessairement corps, devient quasi-impossible.

Le *hic* absolu qui constitue le centre du monde n'est donc pas simplement un centre d'orientation ; ou plutôt, sa caractérisation « spatiale » doit être complétée pour prendre en considération sa caractérisation temporelle et existentiale : l'ici s'arrache – autant que possible – à l'effectivité de l'incorporation en s'affranchissant du maintenant *dans le devancement de l'après absolu qu'est la mort.* Autrement dit, le monde peut apparaître tout entier devant soi et cesser d'être un environnement relatif parce que le sujet s'en (quasi) exclut en se (quasi) déportant au lieu de sa mort. Autrement dit encore : le sujet peut voir le monde parce qu'il peut à échapper à son environnement dans le devancement du possible absolu.

Avant que de comprendre comment l'*ici* absolu peut correspondre au « lieu » du devancement, notons que l'étonnement sur lequel Bouvier insistait dans « l'autoportrait » que nous citions plus haut précède une référence à la possibilité de la mort :

> On ne voyage pas pour se garnir d'exotisme et d'anecdotes comme un sapin de Noël, mais pour que la route vous plume, vous rince, vous essore, vous rende comme ces serviettes élimées par les lessives qu'on vous tend avec un éclat de savon dans les bordels. On s'en va loin des alibis ou des malédictions natales, et dans chaque ballot crasseux coltiné dans des salles d'attente archibondées, sur de petits quais de gare atterrants de chaleur et de misère, ce qu'on voit passer c'est son propre cercueil[1].

Le regard du voyageur sur le monde – ce regard qui est à la fois premier *et* dernier regard – révèle le sujet dans sa quasi-capacité à s'arracher à lui-même, ou plutôt à s'arracher à sa relativité dans une sorte d'anticipation de la mort. L'absoluité du sujet, en ce sens, ne relève pas d'un dépassement effectif de sa relativité corporelle, mais de sa capacité à se *quasi* tenir au lieu de sa mort. Plus précisément encore, s'il est ici une absoluité du sujet, elle participe de celle du possible que constitue la mort, en tant que sa possibilité est « plus haute » que toute réalité[2] :

1. N. Bouvier, *Le poisson-scorpion*, *op. cit.*, p. 54.
2. Nous rappelons ces mots de Heidegger : « Plus haute que la réalité s'érige la *possibilité* », Heidegger, *Être et temps*, § 7, *op. cit.*, p. 66.

la dé-finition du sujet, en ce sens, c'est l'*ex*istence, c'est-à-dire à la fois l'impossibilité de ne pas être dans l'*ici* du corps et la possibilité de devancer *charnellement* le débord de sa nécessaire incorporation.

Reste à comprendre comment cette absoluité du sujet peut être à la fois ramenée au devancement du possible absolu qu'est la mort et à la caractérisation du sujet comme centre d'orientation absolu. Le sujet apparaît en effet à la fois comme le centre de toute localisation dans l'espace (puisque le monde, on l'a vu, est envisagé comme un *devant*, dans une relation de vis-à-vis), et comme le point d'anticipation de la mort. Comment ces deux « points » peuvent-ils coïncider ?

Sans doute échappent-ils de façon analogue à toute objectivité spatiale : ces deux « points » n'en sont pas exactement, du moins dans la mesure où ils ne peuvent correspondre à la figuration – y compris sémantique – qui nous les donne (lorsque l'on parle de « centre », de « lieu », etc.). Ils ne constituent pas, à proprement parler, des objets spatiaux, mais plutôt la « bordure » indécise de la spatialité, le lieu où le sujet se situe, autant que possible, « au lieu de l'Autre », que cet Autre désigne l'*ici* absolu d'autrui ou le renversement de l'existence dans la mort.

Autrement dit, ces deux points peuvent correspondre dans leur capacité analogue à constituer des « trous » ou « points de bascule » absolus. De même que Kandinsky définissait le point comme la paradoxale « union du silence et de la parole »[1], il

1. « Ainsi le point géométrique est, selon notre conception, l'ultime et unique *union du silence et de la parole.* (...) le point géométrique a trouvé sa forme matérielle en premier lieu dans l'écriture – il appartient au langage et signifie silence », Kandinsky, *Point et ligne sur plan*, Paris, Folio-Gallimard, 1991, p. 25. L'intérêt pictural de cette définition du point nous semble essentiel pour comprendre la représentation de l'œil dans les portraits et autoportraits (à ce sujet, *cf.* notre étude sur l'autoportrait : « Peindre un nuage. Autoportrait et souci de soi », *Alter. Revue de phénoménologie*, n° 27, 2019, p. 227-246) et ici encore un rapprochement semble possible entre

nous faut comprendre le « point » où se situe le voyageur comme le « lieu » d'une étrange écoute : le sujet y entend la résonance intérieure d'un spectacle qui le réduit à *quia*. Se tenir coi devant le spectacle du monde, devenir « galet », ce n'est pas « ne point être » mais « être point » et vibrer *ici* – dans une résonance affective et charnelle aussi ambiguë qu'intense – du devancement du possible.

L'inscription spatiale et charnelle n'est donc point niée – au contraire, elle peut être intensément ressentie –, mais elle est ramenée à ce que l'on pourrait appeler « l'écho d'une anticipation ». L'apparente contradiction temporelle du *memento mori* (puisqu'il s'agit de *se souvenir* du *futur* certain de la mort), dans son intensité, recouvre la spatialité affective et l'atteint profondément en revivifiant la différence charnelle. La chair semble vibrer *a contrario* du corps effectif, ou plutôt en toute indépendance, dans une étrange disjonction, comme s'il lui était possible d'être à la fois *hic et postquam*.

En ce sens, ces « points » coïncident dans leur quasi-capacité à « trouer » conjointement l'espace et le temps, et leur absoluité se donne dans cette capacité à percer le tissu phénoménologique de l'espace-temps. L'absoluité du sujet – en tant que principe d'apparaître phénoménologique – renvoie ainsi à sa capacité à quasi trouer l'espace mais aussi le temps, puisque l'anticipation qu'il réalise lui fait voir le monde *comme* depuis le futur indéterminable de sa propre mort. Bien loin que de minorer sinon d'annihiler la subjectivité, la dé-finition du sujet en ravive ainsi au contraire le pouvoir. Dans sa différence entendue comme capacité à se différer, le sujet se dé-finit comme principe d'apparition phénoménologique du monde. Le *phénomène* du

l'aventure du regard qui se fait jour dans la phénoménalisation du monde propre au voyage et l'expérience esthétique de l'autoportrait ; dans l'un et l'autre cas, il s'agit de *se* ressaisir dans l'apparition phénoménale de l'autre.

monde jaillit ainsi d'une manière des plus paradoxales, devant un sujet qui est *comme* rejeté en dehors des conditions de la phénoménalité, *comme* en dehors de l'espace et en dehors du temps, en tout cas dans cette étrange articulation de l'espace et du temps que constitue le *hic et postquam*.

Mais comment comprendre cette capacité à quasi trouer l'espace et le temps? *Où* se situe le sujet, lorsqu'il assiste ainsi (à) l'apparaître du monde? Faut-il dire que le sujet, *dans son être-point*, baigne dans le Néant? Que la révélation du phénomène de monde implique nécessairement de basculer hors-monde, dans l'« immonde » du Non-Être?

Il nous semble impossible, dans l'expérience que nous décrivons ici, de définir le Néant comme une dimension ontologique autre, comme l'avers de l'Être. Si Néant il y a, il se définit phénoménologiquement (en tant que condition d'apparaître), et non ontologiquement (comme Non-Être). Affirmons donc immédiatement notre thèse avant que de la développer : le Néant ici en jeu n'est que la contre-manifestation de l'émergence du monde depuis un certain noyau, et constitue moins l'Autre de l'Être que sa « réserve »[1] phénoménologique.

Nous l'avons dit, ce que nous avons appelé « monde absolu » (et que nous connaissons à travers l'expérience de la centration absolue) désigne moins un monde environnant (un cercle ou une sphère plus vaste) qu'une relation d'éloignement avec le monde apparaissant *devant* nous. Mais que penser alors de ce qu'il y a *derrière* nous, *à côté de* nous, *au-dessus* et *au-dessous* de nous? À proprement parler, rien ne se donne, tant ce qu'il y a *devant* et *à distance* de nous semble éclipser tout le reste. Faut-il pour autant se représenter un sujet perdu dans le vide? Le monde absolu doit-il être identifié au Néant?

1. Nous reprenons ici un terme heideggérien, dont nous expliciterons le sens *infra*. *Cf.* Heidegger, « L'origine de l'œuvre d'art », dans *Chemins qui ne mènent nulle part*, *op. cit.*, p. 41 *sq*.

Une remarque de Heidegger, lorsqu'il décrit l'esseulement du *Dasein* dans l'angoisse, nous paraît ici particulièrement éclairante :

> L'angoisse esseule et découvre ainsi le *Dasein* comme « *solus ipse* ». Mais ce « solipsisme » existential transporte si peu un sujet à l'état de chose isolée dans le vide aseptisé où il apparaîtrait en dehors de tout monde qu'il met justement le *Dasein*, dans toute la rigueur des termes, devant son monde comme monde et le met lui-même du même coup devant lui-même comme être-au-monde[1].

L'analyse heideggérienne a la particularité de poser la possibilité d'une séparation qui n'est pas annihilation du monde et celle d'un Néant qui se donne moins comme Non-Être que comme visage possible du monde : comme on l'a déjà vu, le « devant-quoi » de l'angoisse n'est pas un objet intra-mondain, mais le monde lui-même en tant que Néant. Il faut en effet dire *à la fois* que l'angoisse emporte avec elle le tout de l'étant (*Dasein* y compris) et qu'elle place le monde comme tel devant le *Dasein* : « Le rien *fait face* dans l'angoisse en n'étant qu'un avec l'étant dans son ensemble »[2].

Quand bien même notre analyse nous a fait sortir de la perspective heideggérienne et de son cadre conceptuel, il nous faut nous en nourrir pour comprendre ce que nous avons appelé « monde absolu ». Nous ne saurions en effet envisager l'« environnement manquant » du centre absolu que nous sommes comme une véritable expérience du Non-Être. De même qu'il nous faut décrire comment l'on peut voir apparaître le monde auquel on appartient pourtant, il nous faut décrire comment on peut être *comme* projeté dans le Néant sans sortir de l'Être.

C'est que, même dans le devancement, *nous restons ici* : l'apparition du monde demeure l'expérience d'un sujet fini, fût-il

1. Heidegger, *Être et temps*, *op. cit.*, p. 237.

2. Heidegger, « Qu'est-ce que la métaphysique ? », trad. R. Munier, in *Heidegger. Cahiers de l'Herne*, M. Haar (dir.), *op. cit.*, p. 52. Nous soulignons.

dé-fini. L'absoluité subjective est phénoménologique et consiste moins à sortir de l'Être et basculer dans le Non-Être qu'à faire apparaître ce qui est. Si, comme Nicolas Bouvier nous y invite, l'on se représente le monde à partir du noyau phénoménologique d'une montagne afghane, le gouffre qui nous en sépare et nous entoure est moins l'expérience du Néant que celle de la condition d'une saisie phénoménologique du monde : il faut que le monde s'éclipse derrière la déflagration de son phénomène. Autrement dit encore, l'absence d'environnement effectif n'est pas une négation de l'Être, mais au contraire la condition de l'apparaître du monde. La phénoménologie du monde ne nous projette donc pas plus dans le vide spatial (qui nous ferait voir le globe, à distance) que dans une ontologie du Néant : le « vide » environnemental du monde absolu n'est que le reliquat de la finitude de l'expérience phénoménologique. Il n'existe que parce que quelque chose ne peut apparaître que sur fond d'autre chose. Ce « vide » n'est donc que le fond provisoire mais nécessaire d'un monde qui se donne à nous comme horizon, en rayonnant infiniment depuis son noyau phénoménologique, au point de recouvrir ainsi *potentiellement* le fond qui nous le donne à voir.

En nous inspirant d'un concept heideggérien, nous proposons de nommer *réserve*[1] ce fond d'apparition du monde qui coïncide avec l'environnement manquant du sujet. Chez Heidegger, la réserve s'inscrit au cœur de la différence ontologique et désigne en quelque sorte l'excès de l'étant dans le débord du monde ambiant familier. S'il ne nous paraît pas possible de suivre Heidegger lorsqu'il caractérise une sorte de mouvement

1. « Dans le rayon immédiat de l'étant qui nous entoure, nous nous croyons chez nous. L'étant y est familier, solide, assuré. Néanmoins, une perpétuelle réserve court à travers l'éclaircie sous la double forme du dérobement et de la dissimulation », Heidegger, « L'origine de l'œuvre d'art », dans *Chemins qui ne mènent nulle part*, *op. cit.*, p. 42.

autotélique[1] de cette réserve – nous ne pouvons, dans le cadre qui est le nôtre, qu'envisager cette réserve du point de vue du sujet –, il nous paraît essentiel d'entendre certains aspects de la caractérisation ontologique de la réserve, quitte à modifier le concept heideggérien.

Quand bien même elle s'arrache à l'étant effectif et familier, il nous faut comprendre que cette réserve n'est pas étrangère à l'Être et n'est pas même étrangère au monde : le Néant qui semble nous entourer et sur fond duquel le monde semble apparaître à distance n'est en effet rien d'autre que sa réserve : autour de nous, le monde effectif a été mis en réserve pour faire apparaître le phénomène du monde, à distance, devant nous.

Mais il faut aller plus loin et ajouter que cette réserve du monde a un double aspect : elle correspond à la fois au monde effectif qui n'existe plus pour nous – celui qui *a été* mis en réserve –, et au monde encore en réserve, c'est-à-dire celui qui *pourrait* surgir dans le rayonnement du noyau phénoménologique qui nous fait face.

Le Néant propre a la réserve peut ainsi se caractériser temporellement, de manière duelle : il correspond à la conjointure phénoménologique entre le passé du monde ambiant jusque-là effectif, et l'« attente » d'une complétion d'apparaître du monde depuis le noyau phénoménologique qui nous fait face. À travers cette temporalité double, le Néant constitue un « entre-deux » des plus étranges, car il n'est en aucun cas provisoire : la « complétion » à venir ne peut se faire, car le monde, on l'a vu, *se donne* dans ce que Renaud Barbaras nomme une « déflagration »,

1. « La réserve se réserve et se dissimule elle-même » (*Ibid.*). La conception heideggérienne de la réserve s'inscrit dans une réflexion sur l'essence de la vérité qui cherche à se déprendre de la pensée du sujet et de son activité; il nous semble toutefois possible de reprendre et transformer ce concept dans le cadre d'une phénoménologie de la relation du sujet et du monde.

à savoir une dynamique d'émergence non processuelle, sans développement ni fin. Le noyau phénoménologique qui s'offre à nous rayonne ainsi infiniment, comme une promesse de *monde un*, mais cette promesse demeure *en tant que telle*, comme si son accomplissement importait finalement moins que sa répétition inlassable.

Ce caractère d'« entre-deux » de la réserve est d'autant plus particulier que la réserve constitue en quelque sorte le point de bascule entre le « monde absolu » et les différentes configurations de monde qui peuvent s'offrir à nous depuis un noyau toujours spécifique. La réserve est en effet autant l'« environnement » de ces noyaux de monde (le fond de leur apparition) que celui du sujet en tant que centre absolu (le vide qui l'entoure) : la réserve devrait donc se définir comme une dimension ontologique où l'absolu peut se renverser dans le relatif, et inversement. Elle constitue le « lieu » où l'apparaître du monde, depuis un certain noyau, prend une intensité remarquable, telle que le monde en sa totalité semble se produire devant nous dans le rayonnement du noyau. Tout comme elle constitue le « lieu » ou plutôt le « trou » où le sujet semble s'arracher à son monde (et donc à son corps-objet), alors même que cette épreuve demeure éminemment charnelle.

Enfin, sans doute le caractère foncièrement duel de la réserve renvoie-t-il aux ambiguïtés de la dé-finition du sujet. Que celui-ci puisse constituer le centre absolu de l'expérience, alors même qu'il est particulièrement relativisé – mis en réserve – par l'apparaître du monde qui s'indique à distance de lui, cela peut se comprendre dans la mesure où la réserve est conjointement la sienne et celle du monde qui lui fait face. On pourrait dire en effet que la réserve est l'avers de l'apparaître, soit que quelque chose reste obscur et n'apparaît pas encore (mais pourrait apparaître), soit que ce quelque chose n'apparaît pas *en raison de sa proximité même avec l'éclat phénoménologique du noyau*[1].

Il nous faut en effet revenir sur l'éblouissement propre au phénomène du monde, en rappelant, avec Didier Franck, la parenté entre le monde et l'éclat du paraître : il faut comprendre le « κόσμος, depuis sa signification initiale de *parure* et celle-ci comme "éclat qui porte quelque chose au paraître, qui laisse le présant venir en présance dans la lumière" »[2]. L'éclat phénoménologique du monde s'indique dans la polysémie de son origine grecque et peut se préciser dynamiquement. L'intensité phénoménologique des « noyaux de monde » peut en effet, selon nous, s'envisager d'une double manière : à la fois dans le sens d'une décroissance à mesure de la distance (de la même manière que les objets apparaissent plus ou moins selon qu'ils sont plus ou moins éloignés d'une source lumineuse), et comme principe d'éblouissement (à l'inverse du premier modèle d'intelligibilité proposé, les objets les plus proches d'une source lumineuse sont éclipsés par l'intensité de cette source).

La dualité de ces modèles d'intelligibilité doit être affirmée, malgré la contrariété apparente, pour penser, et la réserve, et la dé-finition du sujet. En tant qu'il semble prodigieusement éloigné du monde qui lui apparaît, le sujet semble en effet bien faire partie de ces objets invisibles, encore en réserve, trop éloigné du noyau d'apparition du monde pour bénéficier de sa lumière. Mais en tant que point absolu en vis-à-vis du monde, son effacement relève plutôt d'une proximité essentielle, qui le perd dans l'éblouissement d'une extrême clarté.

1. Si ces deux possibilités doivent être affirmées, la seconde a comme une prééminence tant le schéma du remplissement progressif de la visée a été remis en question dans le type d'apparaître que nous décrivons ici.

2. D. Franck, *Le nom et la chose. Langue et vérité chez Heidegger*, Paris, Vrin, 2017, p. 171 ; (l'auteur cite un passage de Heidegger dans *Séjours* (*Aufenhalte*)).

Pourquoi le sujet est-il à ce point ébloui et ainsi comme mis en réserve par l'éclat phénoménologique du monde apparaissant ? Comment penser cette proximité qui, malgré la distance, le relie au noyau phénoménologique du monde ? Il nous faut ici réaffirmer l'un de nos premiers résultats de la description phénoménologique du voyage : l'épreuve de la manifestation du monde est celle d'une séparation du sujet, mais d'une séparation qui l'implique. Cette implication peut dorénavant se comprendre à partir de ce que signifie l'éblouissement du sujet dans sa dé-finition. Le sujet ébloui disparaît dans la réserve parce qu'il est, en tant que centre absolu, principe de l'apparaître du monde. C'est en effet parce qu'il se met en réserve qu'il peut éclairer l'apparaître du monde. Son éblouissement est ainsi en quelque sorte la conséquence de sa propre « lumière », quand bien même cette lumière relèverait d'une sorte de « lumière noire », à même d'atténuer le relatif pour faire ressortir l'absolu. Dans l'apparition éclatante de sa possibilité absolue, le sujet se dé-finit, c'est-à-dire qu'il se déporte, se diffère, semble « s'éteindre » et « éteindre » tout ce qui l'entoure, en permettant ainsi au phénomène distant de devenir le noyau éblouissant du monde.

chapitre 10
nouveau départ : le soulèvement du monde

Reste à décrire, aussi précisément que possible, cette implication du sujet dans sa séparation d'avec le monde. Si l'interrogation sur l'appartenance du sujet au monde doit s'arracher au modèle courant de l'inclusion spatiale (le sujet n'est pas dans le monde « comme le vêtement dans l'armoire »), cela ne signifie en effet pas forcément qu'il faille renoncer à toute modélisation *spatiale* de l'être-au-monde. Nous proposons en effet de comprendre l'apparaître du monde pour le sujet à partir d'une dynamique verticale de soulèvement.

Ici encore, c'est la lecture de Nicola Bouvier qui nous met sur cette piste, car si la légèreté force à penser une sorte de « soulèvement » du sujet[1], l'apparition du monde semble se faire dans une dynamique équivalente. L'exemple, maintes fois commenté, de la montagne afghane est particulièrement représentatif de ce mouvement d'érection qui donne le monde. La montagne, en effet :

> *montait*, se reposait, *montait encore*, avec des assises puissantes, des flancs larges, des parois biseautées comme un joyau. Sur les premières

1. N. Bouvier voyait l'ossature de l'existence dans ces instants qu'il disait « soulevés » par une « lévitation plus sereine encore que celle de l'amour » (*L'usage du monde*, *op. cit.*, p. 112).

> *crêtes*, les tours des maisons-fortes pathanes luisaient comme frottées d'huile ; de *hauts* versants couleur chamois *s'élevaient* derrière elles et se brisaient en cirques d'ombre où les aigles à la dérive disparaissaient en silence. Puis des pans de rocs noirs où les nuages s'accrochaient comme une laine. Au *sommet*, à vingt kilomètres de mon banc, des plateaux maigres et doux écumaient de soleil. L'air était d'une transparence extraordinaire[1].

On le voit à une telle description, la légèreté du sujet doit se comprendre dans une sorte de corrélation avec la dynamique d'apparition du monde. Ajoutons immédiatement que même lorsque le voyageur n'est pas confronté à des paysages qui impliquent *naturellement* la verticalité, son regard semble l'instaurer.

Après une nuit passée sur une plage de Ceylan[2], Nicolas Bouvier se réveille ainsi sur le sable et décrit tout le petit monde qui se donne à voir autour de lui : des carapaces de crabes, des fourmis, des cancrelats … Quand bien même il envisage un monde minuscule et au ras du sol, son regard semble placé encore plus bas, comme si la description plaçait toujours le monde sur une éminence et le voyageur en contrebas. D'ailleurs, dans un passage analogue, toujours sur la plage de Ceylan[3], on suit l'élévation de son regard qui part de la plage, grimpe le long d'un phare pour être amené vers un ciel qui lui fait imaginer jusqu'aux continents les plus lointains.

Ce mouvement d'élévation dans l'apparaître du monde relève selon nous d'une forme de soulèvement dans la mesure où il faut y voir une dynamique de transformation grisante, une métamorphose énergisante : les fourmis et insectes semblent grandir tant ils remplissent le champ visuel, l'inanimé entre en mouvement (on nous dit du phare qu'il semble s'« égarer ») et le

1. N. Bouvier, *L'usage du monde*, *op. cit.*, p. 374. C'est nous qui appuyons.
2. N. Bouvier, *Le poisson scorpion*, *op. cit.*, p. 99.
3. *Ibid.*, p. 135.

ciel visible se développe comme infiniment dans l'imaginaire. Surtout, l'impression de soulèvement vient de ce que le spectacle du monde semble s'engendrer lui-même, surgir et monter de lui-même : la montagne se construit ainsi comme progressivement sous nos yeux, non seulement parce qu'on la découvre étape par étape, de la base vers le sommet, mais encore parce qu'elle surgit sur ce fond de « Néant » qu'est la réserve, comme si elle s'érigeait sous nos yeux. Le regard ne se contente en effet pas d'effectuer cette progression qui l'amène vers le sommet, il est appelé à effectuer inlassablement ce mouvement (« j'ai passé une bonne heure immobile, saoulé par ce paysage apollonien[1] »), comme si cette montagne se construisait et se reconstruisait sans cesse, en puisant sa matière dans la réserve, alors même qu'elle demeure identique à elle-même. Le phénomène du monde s'élabore ainsi dans une dynamique d'émergence qui donne une impression d'auto-engendrement et d'auto-élévation : en ce sens, l'apparition du monde est bien celle de son soulèvement.

Reste à comprendre comment ce soulèvement du monde s'articule à la légèreté subjective et à son caractère principiel. Deux modèles d'intelligibilité s'offrent ici à nous. Le premier, souvent envisagé par Bouvier lui-même, est celui de l'amour. Le sentiment amoureux doit en effet se décrire comme une élévation :

> Pourquoi dans toutes nos langues occidentales dit-on « tomber amoureux » ? Monter serait plus juste. L'amour est ascensionnel comme la prière. Ascensionnel et éperdu. Chez les insectes isoptères, tout individu sexué reçoit aussitôt sa paire d'ailes[2].

Conformément au dicton, l'amour est ce qui « donne des ailes » et permet, assez intuitivement, de comprendre la légèreté

1. N. Bouvier, *L'usage du monde*, *op. cit.*, p. 374.
2. N. Bouvier, *Le poisson-scorpion*, *op. cit.*, p. 91-92.

que nous avons cherché à décrire. Mais la comparaison avec l'amour est d'autant plus intéressante que la relation entre l'amoureux et l'objet de son amour se caractérise par une certaine ambivalence : aime-t-on parce que l'être aimé est aimable ? Ou l'être aimé est-il aimable parce qu'on l'aime ? S'élève-t-on parce que l'être aimé nous amène à sa hauteur ? Ou l'être aimé est-il érigé en objet aimable par l'élévation du sujet amoureux ?

> Je la connaissais d'une semaine (...) Nous marchions du même pas, sans aucun bruit. Je reconnaîtrais sans peine l'endroit où j'ai senti comme une aveuglante déchirure dans le noir, où j'ai eu les poumons dévorés de bonheur. La vie d'un coup acérée, musicale, intelligible. Surtout ne rien dire. (...) Il fallait pourtant faire quelque chose. J'ai embrassé le grand mat vernis qui se dresse sur le môle et suis grimpé jusqu'au sommet sans ressentir l'effort. (...) Il faut croire que cette forme d'aveu a aussi son éloquence : quand j'étais redescendu hors d'haleine les mains pleines d'échardes, je l'ai trouvée folle de rire, les yeux brillants d'impatience, déjà à moitié dévêtue. Monter ...[1].

L'auteur relate ici le souvenir d'une rencontre amoureuse qui donne à voir toute l'ambivalence du soulèvement amoureux. Qu'est-ce donc qui pousse l'amoureux dans cette ascension littérale d'un mât de bois ? Le soulèvement est ramené à une origine mystérieuse, l'instant magique d'une « déchirure », où tout semble s'être décidé sans qu'on puisse ramener cette décision à l'un plutôt qu'à l'autre. Certes, l'écrivain-voyageur semble se poser comme origine du mouvement d'élévation (il est celui qui décide de « faire quelque chose »), mais il semble obéir à une impulsion qu'on pourrait tout autant ramener à la jeune femme convoitée : tout ceci n'a lieu, peut-être, que parce qu'il la trouve « superbe », la voit à une « hauteur » qu'il lui faudrait rejoindre. Comme le note Renaud Barbaras :

1. N. Bouvier, *Le poisson-scorpion*, *op. cit.*, p. 92.

> Le désir se donne toujours à la fois comme mien et non-mien. Cette ambiguïté peut être précisée à plusieurs niveaux. D'un côté j'ai le sentiment d'en être la source, que ce désir naît de et en moi, qu'il ne saurait avoir d'autre origine, en quoi il est profondément mien. Et pourtant il se donne en même temps comme me débordant toujours, non seulement en quelque sorte en aval mais aussi en amont, autrement dit comme venant de plus loin ou plus profond que moi [1].

Ces deux traits du sentiment amoureux (élévation, ambivalence de la relation) éclairent la relation du sujet au monde et peuvent en offrir une comparaison intéressante. Voir le monde serait ainsi comme l'aimer : le simple « galet » qu'est le voyageur se sent appelé à la même hauteur que la montagne qu'il contemple, ou peut-être celle-ci s'arrache-t-elle à son statut naturel pour devenir un noyau de reconfiguration du monde à la (dé)mesure de la puissance subjective. En outre, dans son apparaître, le monde suscite un amour qui peut encore s'envisager dans l'assentiment que lui donne le voyageur : aimer c'est acquiescer, assumer l'autre qui se donne, tel qu'il se donne, et, plus encore, adhérer à sa promesse. C'est prononcer un « oui » qui prétend déborder la donation effective, comme pour se promettre d'être à la hauteur de la promesse qu'on lit en l'autre. Nous rappelons les mots de Nicolas Bouvier, au moment de quitter l'Inde pour entamer une nouvelle étape de son voyage : « la matinée était chargée de présages et plus légères qu'une bulle. À toutes ses propositions la réponse était : oui. » [2] ; sans doute la formule aurait-elle pu être utilisée pour décrire une rencontre amoureuse.

Cette analogie entre rencontre du monde et rencontre amoureuse connaît toutefois ses limites. Souvenons-nous en effet que lorsqu'il s'agissait de caractériser ce qu'il en est de la légèreté, l'écrivain décrivait une « lévitation plus sereine que

1. R. Barbaras, *Le désir et le monde*, *op. cit.*, p. 15.
2. N. Bouvier, *Le poisson-scorpion*, *op. cit.*, p. 13-14.

celle de l'amour »[1]. Comment comprendre cette distinction ? Sans doute la rencontre du monde connaît-elle une sérénité qui échappe à la relation amoureuse : l'amant a en effet besoin d'être payé en retour de son amour et peut être taraudé par l'inquiétude de ne pas être aimé. Voir et aimer le monde ne nécessite évidemment pas un tel retour : l'amour pour le monde peut connaître bien des inquiétudes, mais est exempt de celle-ci. C'est un amour d'autant plus serein qu'il n'est pas tourné vers un objet singulier (au détriment de tel ou tel autre), en tant qu'il vise justement la totalité de ce qui est. Il est ainsi débarrassé de ce « leurre », décrit par Renaud Barbaras, qui l'amènerait à l'insatisfaction et la perte dans l'infinité des objets potentiels de désir. Aimer le monde, c'est être animé d'un désir qui échappe au leurre dans la mesure où il vise le tout comme tel, et pas même la simple « totalité cumulative »[2] des objets de désir. L'amour du monde connaîtrait ainsi la vérité du désir pour autant que le « désir désire le tout, en tant que ce tout se donne en chaque objet comme cette transcendance vis-à-vis de laquelle cet objet est en défaut »[3]. L'*objet* de désir visé par l'amoureux est ainsi, comme on le dit souvent, « la seule chose qui compte », mais cet « objet » est aussi une sorte de simple « premier plan » relatif pour un désir plus vrai, qui, *à travers l'objet*, vise le monde comme horizon. C'est pourquoi ces objets *peuvent* varier en voyage, sans remettre en question la puissance du sentiment amoureux ni l'unité du monde. Nicolas Bouvier peut aimer avec sérénité une montagne, une libellule, la voix d'un commerçant iranien lisant un poème … ce qu'il vise dans cet amour, c'est le tout du monde, en tant qu'il s'indique dans l'aura de ces simples objets.

1. N. Bouvier, *L'usage du monde*, *op. cit.*, p. 112.
2. R. Barbaras, *Le désir et le monde*, *op. cit.*, p. 75.
3. *Ibid.*

Le second modèle d'intelligibilité de ce soulèvement se trouverait dans le concept de sublime. La compréhension psychanalytique de la sublimation comme destin de pulsion spécifique, permettant de transfigurer le statut d'un objet, offre une première analogie intéressante. De même que, pour Freud, la sublimation fait passer l'objet de l'ordre sexuel à l'ordre culturel, il semble que le regard du voyageur soit à même de transfigurer l'objectivité et de voir dans ce qui pourrait n'être qu'un objet spécifique l'indice du monde comme tel, en l'envisageant comme noyau de reconfiguration. Le voyage relèverait ainsi d'une forme de sublimation en tant que transposition de la perception d'objet vers cette sorte de cosmogonie que constitue l'appréhension phénoménologique du monde. Notons d'ailleurs que ce soulèvement du monde peut être rapproché de cette « *érection* d'un monde »[1] évoquée par Heidegger lorsqu'il renouvelle la compréhension de ce qu'est une œuvre d'art : tout se passe comme si l'arrière-plan sexuel du soulèvement du monde ne pouvait être totalement dépassé par la sublimation …

La pertinence du concept de sublime est d'autant plus notable que sa compréhension esthétique, chez Kant, offre d'autres analogies possibles, notamment lorsqu'il s'agit de décrire le lien entre le sujet et l'intensité phénoménale de l'apparition de monde à laquelle il est confronté.

Cette intensité signale d'abord un excès phénoménal, dans une sorte de débord de l'objectivité. Le sublime, chez Kant, indique bien quelque chose comme une possibilité de phénoménalisation du monde, quoique la représentation soit substitutive et qu'elle repose sur une Idée :

1. « … l'érection d'un monde n'est que l'un des deux traits essentiels de l'être-œuvre de l'œuvre », Heidegger, « L'origine de l'œuvre d'art », dans *Chemins qui ne mènent nulle part, op. cit.*, p. 34.

> Que l'on puisse seulement penser l'infini come *un tout*, c'est là ce qui indique une faculté de l'esprit, qui dépasse toute mesure des sens. Il faudrait à cet effet exiger une compréhension, qui livrerait une mesure en tant qu'unité possédant un rapport déterminé à l'infini, susceptible d'être exprimé en nombres ; et cela est impossible. Toutefois *pouvoir*, sans contradiction, *même seulement penser* l'infini *donné*, ceci suppose en l'esprit humain une faculté, qui elle-même est supra-sensible. En effet c'est seulement par cette faculté (...) que l'infini du monde sensible est *entièrement* compris *sous* un concept dans l'évaluation intellectuelle pure de la grandeur, bien qu'il ne puisse jamais être entièrement pensé par des *concepts numériques* dans l'évaluation mathématique[1].

Dans le sublime, l'évaluation *esthétique* de la grandeur pallie en quelque sorte la finitude du travail de l'entendement, et permet une sorte d'intuition cosmologique qui demeure toutefois subreptice pour Kant. Bien sûr, la description phénoménologique du voyage, telle que nous l'avons menée, ne s'oriente en aucun cas vers la mise au jour d'une faculté de l'esprit et envisage davantage le monde à travers un regard éminemment charnel. Surtout, le monde s'y donne non comme idée, mais comme phénomène : le voyage donne l'horizon de monde et se caractérise encore comme l'épreuve de la centration absolue au sein du monde absolu, quoique ce monde se donne comme environnement manquant et réserve. Toutefois, l'analogie reste possible dans la mesure où, dans l'un et l'autre cas, c'est dans une intensité affective inédite – que l'on peut nommer sublime – que se donne la possibilité d'une épreuve du tout.

Poursuivons l'analogie en décrivant la nature de cette intensité affective. Le sublime, pour Kant, est vécu comme un plaisir indirect : il s'ouvre sur une expérience de déplaisir, de crainte sinon d'écrasement de la subjectivité, à laquelle succède

1. Kant, *Critique de la faculté de juger*, trad. fr. A. Philonenko, Paris, Vrin, 1965, p. 94.

celle d'un épanchement de plaisir d'autant plus remarquable. Toutes nos remarques sur la « disparition » ou relativisation du voyageur devant le phénomène du monde peuvent ainsi faire écho à l'analyse critique. Par ailleurs, l'ambiguïté affective que nous caractérisions plus haut se retrouve peut-être également en partie ici. En partie seulement, car, chez Kant, il existe une sorte de « mécanique » du sublime, le plaisir *faisant suite* au déplaisir : les choses semblent plus troubles dans le cas de la description de l'expérience du voyage, plaisir et déplaisir pouvant être conjointement ou exclusivement affirmés.

En outre, à travers le concept de subreption, l'analyse kantienne du sublime offre un cadre analogique intéressant pour penser la puissance subjective malgré l'écrasement apparent de la subjectivité. Pour Kant en effet, le sublime ne caractérise finalement pas tant la nature que le sujet qui la contemple : « le vrai sublime n'est qu'en l'esprit de celui qui juge[1] » et « il ne faut point le chercher dans l'objet naturel, dont la considération suscite cette disposition du sujet[2] ». D'une manière analogue, la quasi-disparition du voyageur confronté à l'éclat de l'apparition du monde le renvoie, en tant que sujet, à une puissance similaire : il est finalement celui qui oriente le phénomène du monde, à la fois comme *là-devant distant* et comme *environnement manquant*. De même que le sublime renvoie ultimement au sujet plutôt qu'à l'objet, le centre du monde échoit au sujet plutôt qu'au noyau de reconfiguration qui lui fait face. Voilà pourquoi la séparation *implique* le voyageur : il est le centre *depuis lequel* le dédoublement du centre s'opère. Il est principe de sa propre séparation d'avec le monde dans sa différence et sa mise en réserve. Le voyageur est donc sublime en tant que centre absolu capable d'*ex-centricité*.

1. Kant, *Critique de la faculté de juger*, *op. cit.*, p. 135.
2. *Ibid.*

Si la subreption offre ainsi un cadre analogique heuristique pour penser la puissance subjective de voyageur, il faut toutefois ajouter que sa pertinence est limitée et que l'analogie nuit peut-être même en partie à l'intelligence du phénomène du monde. Encore une fois, il ne s'agit surtout pas de minorer cette phénoménalisation du monde ou d'y voir une simple substitution : le phénomène du monde est sublime quand bien même la totalité de ce qui est ne se donne pas effectivement. On pourrait dire que le phénomène est sublime non pas tant dans sa présentation effective que dans son intensité et sa promesse, lesquelles ne doivent elles-mêmes pas tant être ramenées à l'attente d'une complétion future de la donation qu'à cette déflagration qui, en même temps qu'elle éclate l'objectivité, rend la phénoménalité éclatante.

Autrement dit, que la donation de la totalité du monde ne soit pas effective ne constitue pas véritablement un problème : le phénomène du monde, dans son « horizonalité », demeure selon nous sublime par cet *éclat* qui est à la fois arrachement à l'objectivité et ouverture de la phénoménalité. Car l'horizon vaut moins comme perspective d'appréhension ou direction à emprunter (pour compléter effectivement la donation) que comme ouverture, affirmation éclatante et souveraine du possible. C'est aussi bien dire que le phénomène du monde n'a pas véritablement besoin de sa réalité effective, de sa confirmation réelle, il se donne justement dans la sublimité du possible. Le phénomène du monde fait ainsi apparaître un « Possible » sans besoin, sans manque, qui, au contraire, devient éclatant dans l'éclatement de la réalité objective.

En ce sens, le sublime n'est pas plus à attribuer au sujet qu'à ce qui lui fait face ; au contraire, une remarquable analogie semble s'opérer et le sublime semble pouvoir aussi bien caractériser le monde que le sujet pour qui il apparaît. On pourrait dire que le sublime se dédouble dans le dédoublement de la déflagration du centre : *ici* et *là*, une analogue capacité à s'arracher à l'objectivité, à se soulever sans fin, dans une sorte de mouvement perpétuel, semble opérer. En ce sens, le concept de subreption doit être retravaillé et nuancé : certes, la subjectivité est principielle dans l'apparaître du monde, mais plus qu'à une substitution (illicite) de sa sublimité, c'est davantage à un dédoublement que l'on assiste. Le sujet n'appartient au monde qu'en tant qu'il s'en défait, mais face à un monde qui se déprend lui-même de sa propre objectivité et se soulève de manière analogue. En ce sens, le sujet appartient au monde en tant que l'un et l'autre connaissent un soulèvement conjoint et analogue.

Certes, une sorte de décalage semble toutefois devoir être décrit dans cette sublimité conjointe et analogue des centres. Car le phénomène du monde semble bien écraser le sujet, et la sublimité de ce dernier n'apparaît pas de manière si éclatante. Au contraire, il semble presque anéanti, et plus que comme principe sublime de l'apparition, c'est en tant qu'il est appelé par le sublime du monde que le sujet peut sentir son propre soulèvement.

La sublimité du sujet recèle ainsi un double aspect, où niche toute son ambiguïté affective. En tant qu'il se diffère et anticipe le possible absolu de sa mort, le sujet touche au sublime, mais ne vit pas véritablement le soulèvement. Il ne le vit pas, sans doute parce qu'il ne peut alors le vivre, sinon sous la forme d'un « soulèvement du cœur », « écœurement » ou malaise qui confine davantage à l'angoisse. Ce « soulèvement » est en quelque sorte masqué (ne serait-ce qu'en partie) par la contre-manifestation du soulèvement du monde, sa sublimation phénoménale devant laquelle, comme en retour, le sujet est appelé à vivre un autre soulèvement, acceptable cette fois-ci, tant il est comparable à celui de l'amour.

Cet amour pour le monde constitue alors une émotion des plus remarquables, puisque l'ambiguïté affective de la légèreté semble faire écho à l'ambivalence dynamique du soulèvement, en tant qu'il combine étrangement immobilité et mouvement. Le soulèvement est sublime et constitue bien une émotion, quoiqu'il nous mette en mouvement en nous laissant immobiles. Nous restons face au monde, irrémédiablement à distance, comme figés dans une immobilité « minérale » ; mais en même temps que la distance demeure incompressible, nous nous sentons mis en mouvement, appelés, élevés, soulevés, comme si l'apparaître de la possibilité du monde nous renvoyait à notre propre possibilité.

Comment comprendre ce possible propre ? Il est foncièrement ambigu dans la mesure où il renvoie autant au possible absolu de la mort – et donc à la possibilité de « quitter ce monde » – qu'à celle de lui appartenir, de lui appartenir vraiment, en tant qu'il se donne dans une déflagration sublime. Ainsi donc, quand bien même l'*amor mundi* ne peut que respecter la distance du monde, le sujet qui l'éprouve a le sentiment de retrouver le monde en s'arrachant à son simple environnement, et ainsi de pouvoir véritablement lui appartenir. Le paradoxe veut que cette appartenance ne soit pas inclusion effective mais appel distant, vocation à un soulèvement analogue et conjoint. Voir apparaître le monde, c'est voir le monde « s'émonder », perdre la peau de l'effectivité et trouver une autre densité possible, une autre « ossature », qui paradoxalement l'élève, l'arrache à lui-même. Et une fois de plus, il nous faut affirmer que la séparation d'avec ce monde « soulevé » implique le sujet en tant qu'elle le concerne éminemment, tant il se sent appelé à un soulèvement analogue. Sujet et monde ne sont donc pas tant des réalités que de purs possibles : ils n'ont de sens que dans cet appel *du* et *au* possible.

En ce sens, on pourrait dire du phénomène du monde qu'il a une résonance destinale et que le soulèvement a une dimension cosmopolitique, alors même qu'il semble abandonner le sujet dans une position de spectateur incapable d'agir.

Une telle caractérisation ne va pas de soi. D'abord, si le phénomène du monde prend valeur du destin pour le sujet, c'est en un sens ambivalent : ce destin renvoie le sujet, et à la certitude de sa mort, et à la manière dont le monde l'implique dans et/ou malgré la séparation (nous préciserons ce point plus loin). Ensuite, il faut reconnaître que le sujet s'est lui-même forgé le destin qui se fait jour dans la phénoménalisation du monde; il se l'est forgé lui-même, en s'éloignant du monde, dans sa différence. Enfin, ce destin demeure fondamentalement ouvert. Le phénomène du monde ne livre en effet aucun impératif pratique. On pourrait dire que son appel est silencieux dans la mesure où il ne « dit » pas positivement ce que nous devons faire et ne peut orienter immédiatement notre action. Il est même d'autant moins un appel pratique qu'il peut résonner, on l'a dit, comme un *memento mori*. Loin donc d'inviter à l'action, à l'édification du monde, il semble esseuler la subjectivité, l'isoler dans sa différence.

Toutefois, dans son éclat phénoménologique, le phénomène du monde n'est pas seulement un rappel du possible absolu qu'est la mort; il est aussi manifestation éclatante de la possibilité du monde. Autrement dit, le *souviens-toi que tu vas mourir* se double (et parfois se recouvre) d'un *souviens-toi du monde possible*, ou mieux, d'un *souviens-toi de la possibilité du monde*. D'une certaine manière, cet appel demeure silencieux, au sens où il ne livre aucune indication, aucune direction positive à l'action humaine; mais il constitue en quelque sorte la condition négative ou préalable à toute action véritable. Car si celle-ci a pour but d'édifier un monde, elle doit entendre l'appel du possible, ce qui signifie, à tout le moins, qu'elle doit être capable de s'arracher à la seule considération de l'effectivité. Si donc il est une dimension cosmopolitique de l'apparaître du monde, elle réside dans le soulèvement en tant qu'il transit la subjectivité en lui rappelant de ne pas s'en laisser imposer par son environnement effectif. Le phénomène du monde a une résonance cosmopolitique qu'on peut ainsi dire nécessairement « altermondialiste » pour autant que l'altermondialisme se comprend comme une réaffirmation du possible qui ouvre le monde et transit le sujet.

Le soulèvement du sujet peut ainsi se décrire comme cette déflagration intérieure qui n'est pas tant action ou même appel à l'acte que rappel de la possibilité d'agir, rappel de ce qu'agir signifie véritablement. Autrement dit encore, le phénomène du monde n'est pas tant invitation à réaliser le possible que rappel de la possibilité. Son appel est tautologique, presque idiot à force d'évidence, quoique sans doute salvateur pour le sujet englué dans l'effectivité : *il faut rendre le possible possible.*

On pourrait reformuler en affirmant que le rappel du possible s'énonce au conditionnel plutôt qu'à l'indicatif : le sujet appartient au monde dans le cadre non pas d'un « je peux » (davantage marqueur de sa possibilité d'agir effective), mais d'un « je pourrais ». La possibilité implique en effet d'être « repossibilisée » et semble ainsi comme soumise à condition. Cette conditionnalité repose fondamentalement sur une défaite de l'effectivité (du sujet et du monde) qui s'opère à la mesure, ou plutôt à la démesure du possible absolu qu'est la mort. Le « je pourrais » dé-finit la subjectivité, permet au sujet d'accéder à l'absolu, paradoxalement « au moment même » où il s'« hypothèque » en se perdant dans l'hypothèse du possible absolu. En ce sens, le « je pourrais » de l'agir véritable s'articule paradoxalement à un « je pourrais mourir ».

En outre, ce « je pourrais » renvoie finalement au concept d'usage, en un sens particulier, qui doit nous amener à reconsidérer le titre du livre le plus célèbre de Nicolas Bouvier. Ce titre a en effet quelque chose de surprenant : comment comprendre que ce voyageur, dont l'écriture ne cesse de consacrer la distance du monde, envisage celui-ci à travers son usage ? Le terme semble renvoyer à une manipulation pragmatique, sans réelle considération, dont l'aboutissement est toujours l'usure sinon la disparition. Plus que le voyage, au sens où nous l'avons caractérisé, c'est la mondialisation qui semble faire un tel usage du monde, en exploitant toujours plus ses ressources. Comment donc comprendre que Nicolas Bouvier fasse lui-même « usage » de ce terme d'« usage » ?

D'abord, peut-être le titre *L'usage du monde* doit-il être entendu au double sens du génitif : le monde n'est pas seulement ce dont nous faisons usage, mais ce qui nous use, ce qui, comme on l'a vu, élime le voyageur, le ponce au point de le faire quasi disparaître. Ensuite, et plus fondamentalement sans doute, il est possible d'entendre l'usage en un sens très différent de celui qu'on lui accorde ordinairement. Dans *Qu'appelle-t-on penser ?*, Heidegger, commentant un fragment de Parménide, revient ainsi sur le sens de l'usage (τὸ χρεών, *der Brauch*), en affirmant que :

> Le véritable usage n'est ni une pure utilisation, ni non plus seulement un besoin. Ce qui est purement et simplement nécessaire, c'est de la détresse d'un besoin que provient son utilisation. L'utilisation et le besoin n'atteignent jamais au véritable usage[1].

Ce véritable sens de l'usage, disjoint de toute utilisation fondée sur le besoin, Heidegger l'entend dans l'impersonnel de l'expression « il est d'usage » :

1. Heidegger, *Qu'appelle-t-on penser ?*, trad. fr. A. Becker et G. Granel, Paris, Puf, 1992, p. 177.

> Ce qui use fait entrer ce dont il use dans le propre de l'être, et l'y garde. Ce « faire entrer et garder » caractérise l'usage dont il est question, mais n'épuise en aucune façon son être. L'usage qu'il faut penser de cette façon n'est plus et ne sera jamais plus l'affaire de l'agir et des réalisations de l'homme. Mais à l'inverse, ce sont les faits et gestes des Mortels qui relèvent du domaine de requête du χρή. L'usage recommande ce dont il use à son être propre. Dans cet usage se cache une recommandation, un mandement (*heissen*) [1].

Heidegger, on le voit, arrache l'usage aux intentions subjectives et pragmatiques pour l'entendre de manière ontologique : l'usage n'est pas pour lui le fait d'un sujet (qui agirait sur le monde en fonction de ses besoins), mais la recommandation qui s'impose à lui de « faire entrer et garder » dans l'être ce qui se donne. L'usage, tel qu'il le définit, recèle donc un caractère paradoxal, comme si le maniement des choses pouvait instaurer une distance respectueuse et les consacrer plutôt que les utiliser.

Cette explicitation heideggérienne de l'usage nous semble particulièrement à même de faire entendre ce qui se dit dans le titre choisi par Nicolas Bouvier, quand bien même nous renvoyons l'apparition du monde à un *sujet* qui, selon nous, est capable de comprendre un tel usage. *L'usage du monde* n'est en rien son exploitation, mais la considération respectueuse de sa venue dans l'être. À lire l'écrivain-voyageur, il semble que le sens de cet usage s'affirme particulièrement dans les moments où la main ne semble plus même capable d'atteindre les choses, tant l'apparaître du monde semble alors se réduire à une expérience du regard. Toutefois, cela ne signifie pas que cet apparaître soit purement théorique ou même toujours *simplement* visuel. Car voyager est aussi prendre, donner et recevoir … Mais, dans ces circonstances, il faut concevoir un usage qui conserve en un sens la distance de la vision émerveillée et respectueuse qui caractérise fondamentalement le voyageur.

1. Heidegger, *Qu'appelle-t-on penser?*, *op. cit.*, p. 183.

Ici encore, on pourrait reprendre le texte heideggérien et affirmer que si la main est impliquée, en voyage, c'est en tant que son usage relève d'un « certain tour de main, dans lequel on s'est toujours tourné vers ce qui est manié de manière à respecter son être, et par là de façon que le maniement le fasse apparaître »[1]. On pourrait dire que la main qui touche, donne et reçoit est, en voyage, une main qui peut apprendre à *voir*, parce qu'elle *entend*. En d'autres termes, parce qu'elle est à l'écoute de « ce dont il est d'usage », la main met au jour, donne à voir le monde en transcendant les attentes et besoins de l'individu. En ce sens, le « tour de main » évoqué par Heidegger, plus qu'une habileté ou dextérité particulière, renvoie selon nous à une sorte de conversion de la manipulation en maniement distancié et comme *voyant*.

Le soulèvement du monde demeure cependant moins une recommandation directe pour l'usage du monde qu'un appel à éviter tout « mésusage ». Le soulèvement ne fait qu'indiquer la possibilité de l'usage en tant qu'il frappe d'inanité toute utilisation ordinaire du monde. Quand bien même ce soulèvement s'explicite en un « je pourrais » et une distinction entre usage et utilisation, la dimension cosmopolitique du soulèvement du monde demeure donc négative, ou plutôt reste fondamentalement ouverte : l'usage s'entend comme possible, c'est-à-dire ouvert et indéterminé; il se réserve en éclatant toute détermination particulière.

Enfin, en tant que surgissement éclatant de l'usage possible, le soulèvement nous amène, en dernière analyse, à préciser l'articulation conceptuelle déjà évoquée entre soulèvement et réserve. Différé, excentré, capable de distance jusque dans l'usage, le sujet est comme « mis en réserve », mais cette réserve qui confine à l'anéantissement désigne tout autant la possibilité

1. *Ibid.*

d'être et l'être possible. Le monde absolu, dont le sujet est centre absolu, peut ainsi se définir comme *réserve d'être*, dans toute la polysémie de l'expression. Car cette réserve d'être est à la fois limite ontologique (anticipation de la mort et ainsi réversibilité possible de l'être dans le néant), « réservoir » d'être (fonds du soulèvement, puits du possible et de la phénoménalisation) et « timidité » phénoménale (« lieu » d'un être « réservé », qui ne se donne pas à voir). Le monde absolu est cette réserve d'être, qui se donne comme environnement manquant, phénomène masqué, et qui n'apparaît qu'indirectement, à travers le double soulèvement du monde et du sujet. Que le monde et le sujet puissent se soulever, apparaître comme autres que ce qu'ils sont pourtant, cela montre qu'ils « ont de la réserve » : le monde n'est pas seulement cet ensemble d'étants qui constituent notre environnement, et le sujet ne se réduit pas à cette réalité psychophysique à laquelle on l'identifie si souvent. L'un et l'autre se donnent en tant qu'ils se soulèvent et se transcendent, faisant apparaître négativement la réserve où niche la possibilité de l'absolu.

conclusion

Au terme de ce « voyage phénoménologique », il nous faut revenir sur ce que la confrontation avec l'altérité du texte littéraire a pu apporter à la phénoménologie. À suivre Nicolas Bouvier, il nous a paru possible d'opérer un travail de redéfinition plus ou moins sensible des grandes pistes phénoménologiques d'intelligence du monde.

D'abord, il semble que ce ne soit pas tant en vertu d'une appartenance primordiale au monde de la vie que doive se comprendre le rapport du sujet au monde, mais davantage en lien avec la possibilité de sa mort. Car si tant est vrai que le monde de la vie se caractérise essentiellement par sa structure spatio-temporelle et causale[1], le phénomène du monde, tel que nous avons voulu l'envisager, implique de mettre à mal cette structure, sinon de l'exploser dans le *hic et postquam* : la possibilité d'un monde sourd de celle qu'a le sujet de se différer vers sa possibilité absolue.

Partant, la description du voyage nous a conduits à redéfinir la dimension affective propre à l'apparition du monde. Car si cette apparition repose fondamentalement sur le devancement

1. « Ce monde de la vie est le monde spatio-temporel des choses, telles que nous les éprouvons dans notre vie pré- et extra-scientifique, et, au-delà de cette expérience, telles que nous savons qu'elles *peuvent* y être éprouvées. Nous avons un horizon de monde en tant qu'horizon d'une expérience possible de choses. », Husserl, *La crise des sciences européennes et la phénoménologie transcendantale, op. cit.*, p. 157.

de la mort, il n'y a là rien de morbide, et la confrontation avec le monde n'est nécessairement l'occasion, ni de ressentir de l'angoisse, ni d'entrer dans une méditation de la mort. D'abord, parce que la mort est ici envisagée en tant que possibilité, à travers ce que Heidegger appelle son *devancement*. Or, un tel rapport à la mort se conçoit comme une « exacerbation de son caractère de possibilité »[1] qui l'éloigne autant de sa réalité que de son objectivation théorique ou son attente. Ensuite, il est apparu que l'angoisse propre au devancement de la mort pouvait être comme éclipsée par « l'objection » du noyau d'apparition de monde. Loin donc de river le sujet à la rumination ou au désespoir, le devancement du possible dans l'apparition du monde peut au contraire s'envisager avec une « légèreté » remarquable, qui peut même soulever le sujet dans une sorte d'amour pour le monde. Le devancement de la mort dans la découverte du monde peut ainsi se décrire comme la paradoxale expérience de ce que, en reprenant le terme à René Char, nous appellerons le *revif* du sujet : le sujet séparé et comme rejeté au seuil de l'apparition du monde ne vit pas une épreuve désolante, mais celle d'une désolation qui le ramène paradoxalement au sol. Il effectue ainsi ce « retour amont » que le poète décrit comme « saillie, revif, retour aux aliments non différés de la source, et à son œil, amont, c'est-à-dire au pire lieu déshérité qui soit »[2]. La désolation reste ici un sol car le « pire lieu déshérité qui soit » demeure un lieu : celui de ce paradoxal revif d'un sujet ramené à son pouvoir de reconfiguration, de soi comme du monde.

Enfin, le concept phénoménologique d'horizon, s'il demeure essentiel à la compréhension de l'apparaître du monde, a été ici redéfini : le monde se donne bien dans la distance incompressible

1. C. Serban, *Phénoménologie de la possibilité. Husserl et Heidegger*, Paris, Puf, 2016, p. 135.

2. R. Char, *Le visage nuptial* suivi de *Retour amont*, Paris, Poésie-Gallimard, 2018, p. 94.

d'un horizon, mais il est moins l'arrière-plan de la perception d'objets que sa transfiguration. L'apparition du monde se centre en effet sur des « objets » qu'un certain regard transfigure en noyaux de reconfiguration du monde. L'horizon renvoie alors à la fois à la distance indépassable qui nous sépare du noyau et au rayonnement infini de ce noyau, son aura phénoménologique, dont l'intensité est « mondiale », quand bien même seule une « partie » du monde apparaît véritablement.

Ajoutons que cette double caractérisation de l'horizon doit être affirmée malgré son caractère potentiellement conflictuel : car si le rayonnement du noyau est infini, il devrait pouvoir inclure le sujet et ainsi remettre en question le caractère incompressible de la distance. Le caractère « centrifuge » de l'apparition de monde semble ainsi entrer en conflit avec le mouvement d'échappée que réalise le sujet.

Comment comprendre ce conflit de forces? Sans doute marque-t-il l'indépassable tension entre intériorité et extériorité qui caractérise l'appartenance du sujet au monde. Car l'apparition du monde suppose une sorte d'exil du sujet, qui n'est pour autant pas son exclusion radicale hors du monde. Différé, déporté, le sujet reste *ici*, et la condition de l'apparition du monde ne réside en rien dans son anéantissement ou son ascèse.

Cet *ici* se caractérise même par une absoluité étonnante, en tant qu'il amène le centre de localisation absolu au « lieu » de l'anticipation du possible absolu. Dans ce *hic et postquam*, le sujet semble s'éclipser pour presque disparaître, mais son « être-point » est aussi rassemblement dans une intensité charnelle remarquable. Quasi ramassé dans un *regard*, il assiste, ébloui, à l'épiphanie d'un monde centré sur un noyau distant. Le monde peut apparaître avec éclat *là-bas*, parce qu'il n'est plus *ici* que réserve, centrée sur un sujet qui n'est central que dans sa relation d'éloignement avec le monde qui lui apparaît.

Le conflit entre intériorité et extériorité peut encore s'analyser en tant que dédoublement du même, et comme tel, doit se comprendre à partir de la distinction du corps et de la chair.

Si le rayonnement du noyau de reconfiguration du monde semble potentiellement atteindre le sujet, cette possibilité demeure toute *relative* : car le monde qui apparaît *là-bas* est, on l'a vu, une construction secondaire, sans commune mesure avec l'*ici absolu* d'où il est contemplé. On pourrait reformuler en disant que si ce rayonnement peut potentiellement inclure mon corps en tant qu'objet, ma chair n'en continue pas moins à lui échapper.

Une telle réponse demeure toutefois encore insuffisante. D'abord parce que la distinction du corps et de la chair ne recoupe pas exactement celle du sujet et du monde. Le monde, en tant qu'il m'apparaît, c'est-à-dire rayonne depuis ce noyau de reconfiguration distant, ne saurait être ramené à un simple agencement objectif et matériel. Dans son rayonnement, le monde lui-même semble avoir une dimension « charnelle » et non simplement « corporelle ».

Qu'est-ce à dire que le monde apparaît comme charnel ? Faut-il, à la suite de Merleau-Ponty, concevoir quelque chose comme une « Chair du monde » et une appartenance, fût-elle « chiasmique », de la chair du sujet à la chair du monde ?

Si le monde apparaît comme charnel, c'est d'abord parce que son apparaître, dans sa dimension dynamique, semble se calquer sur l'apparaître de notre propre chair. C'est en effet à travers des noyaux de reconfiguration dans notre propre corps que nous sentons le réveil de la chair et sa distinction d'avec le simple corps objectif[1]. Sartre nous a ainsi appris à comprendre la caresse[2], par

1. C'est là ce qu'une artiste comme Berlinde De Bruyckere a, selon nous, remarquablement mis en évidence. Sur ce point, nous renvoyons à notre propre essai, *Étonnement. Berlinde De Bruyckere*, *op. cit.*, p. 51 *sq.*

2. Sartre, *L'être et le néant*, Paris, Tel-Gallimard, 1994, p. 430.

exemple, comme un réveil de la chair sous le corps : or, ce réveil s'opère à partir d'un noyau central qui est défini et redéfini au gré des mouvements de la main qui caresse. Cette main réveille la chair dans un rayonnement potentiellement infini, qui peut en tout cas concerner le corps tout entier. D'une certaine manière, l'apparition du monde s'inscrit dans une dynamique semblable, et peut se décrire analogiquement comme l'*effet de la caresse de notre regard*. Le monde apparaît lorsque notre regard se fait caressant, en réveillant son potentiel phénoménologique.

Cette « chair du monde » n'a cependant d'autre statut qu'analogique, et demeure sans commune mesure avec l'incarnation du sujet. C'est pourquoi la distance qui nous sépare du monde demeure incompressible, quand bien même le rayonnement phénoménologique de l'apparition du monde est bien « mondial ». Le monde qui se fait jour *là-bas* est donc à la fois distinct et identique à celui dont nous constituons le centre *ici*. Le monde apparaît sur le fond d'un dédoublement du même, dans une tension entre surgissement et réserve. Sa phénoménalisation, aussi remarquable et éclatante soit-elle, est en quelque sorte le contre-jet de la réserve du sujet, et, partant, du monde environnant. Un monde ne peut apparaître à un sujet, surgir à distance, que parce que ce sujet peut se constituer en centre absolu et éteindre ce qui l'entoure.

C'est aussi bien dire que la possibilité d'apparition du monde se niche dans la différence charnelle, dans la distinction du corps et de la chair. C'est parce que le sujet est incarné, c'est-à-dire incorporé d'une manière telle que sa chair à la fois recouvre le corps et s'en distingue, qu'un monde peut apparaître, précisément « dans » l'espacement de ce dédoublement. La possibilité du monde sourd de la possibilité de la différence subjective, le devancement de la mort demeurant une expérience charnelle, absolument distincte de toute effectivité corporelle. Encore une fois, l'apparition du monde est possible parce que le sujet peut, *à demeure*, se différer, se déporter charnellement. Le sujet, en tant que centre absolu, est donc bien à la fois intérieur et extérieur au monde : intérieur à sa réserve, et extérieur à son apparaître.

Cette extériorité du sujet à l'apparaître du monde a donc une modalité particulière : en un sens, elle ne constitue qu'un possible, *réellement* dénié par sa nécessaire incorporation. Mais en un autre sens, plus fondamental, elle est le possible, considéré absolument, et comme tel « s'érige plus haut » que toute réalité. Cette érection du possible, conçu comme incommensurable à toute réalité, est nécessaire pour comprendre la dernière dimension que nous avons voulu accorder à l'apparaître du monde, celle du *soulèvement*. Malgré la séparation et l'extériorité, sujet et monde se *retrouvent* en quelque sorte, non dans une relation d'inclusion, mais de participation à un mouvement analogue de soulèvement qui repose sur cette spécificité modale : sujet et monde se soulèvent en tant qu'ils semblent tous deux redevenir possibles. Le sujet et le monde se retrouvent, à distance, dans une dynamique de « repossibilisation ».

Le monde, tout d'abord, redevient possible dans la mesure où son apparition a des allures d'épiphanie : il semble se créer ou se recréer sous nos yeux, à partir de son noyau. Il a certes une dimension réelle, mais vaut avant tout comme possible, d'une part parce que les « objets » qui en constituent le centre sont transfigurés et débordent l'objectivité perceptive, et d'autre part parce qu'il se donne comme horizon d'un monde possible. Quant au sujet, il se sent comme appelé par ce soulèvement du monde, et rappelé à son usage *possible* plutôt qu'à son utilisation effective.

Ce soulèvement du sujet, charnellement vécu *à l'occasion du* soulèvement du monde, repose cependant tout entier sur son propre « mouvement » : c'est fondamentalement parce qu'il se diffère en devançant le possible absolu que le sujet se soulève face au soulèvement du monde. Et le soulèvement du monde lui-même ne repose que sur l'espacement de cette différence.

Avant même tout agir, « faire monde » implique donc pareille différence et suppose un sujet capable de se soulever parce que capable de se différer. C'est pourquoi l'injonction altermondialiste, selon laquelle « un autre monde est possible », doit se voir reconnaître un sens philosophique fondamental : le monde comme tel n'a de sens qu'en tant qu'il est rapporté au possible. L'« autre » politique visée par les altermondialistes ne doit donc pas seulement s'entendre comme une nécessité de fait, déterminée par l'urgence sociale et écologique ; elle est aussi, et encore plus fondamentalement, commandée par ce que l'on pourrait appeler une « cosmopolitique du possible ». Autrement dit, ce n'est pas seulement qu'il faut prendre en compte la préservation de la planète et du vivant : paradoxalement, il faut que nous *puissions mourir* pour qu'un monde soit possible.

Sans doute ce « pouvoir mourir » est-il aussi éloigné que possible de l'urgence climatique et du catastrophisme auxquels nous convie la mondialisation. Car « pouvoir mourir » signifie devancer le possible *absolu* et non vivre sous la menace d'une mort effective. En ce sens, l'analyse phénoménologique du monde ne peut que redoubler d'opposition face au pseudo-monde de la mondialisation. Car la réalisation de cet environnement mondialisé recouvre d'autant plus le monde que le sujet rivé à la menace de la mort est empêché d'envisager celle-ci comme *absolument possible*.

Cette cosmopolitique du possible, enfin, ne saurait déterminer aucune mesure politique effective. Elle précède négativement toute politique de fait en invitant simplement au possible. Là est sans doute la difficulté de toute politique : comment « faire monde » s'il ne s'agit pas simplement de réaliser le possible ?

La réalisation du monde doit en effet conserver le possible du monde, ou plutôt le consacrer. Nous devons ainsi apprendre à faire *usage* du monde, plutôt que de le remplir et l'exploiter, ce qui implique de créer des *réalités* mondaines qui demeurent à même d'accueillir le débord du *possible*. Si donc notre voyage nous a conduits devant la possibilité de l'apparaître du monde, il nous arrête devant la difficulté de *faire* un monde à la (dé) mesure de son apparaître.

bibliographie

BARBARAS Renaud, *Le désir et la distance. Introduction à une phénoménologie de la perception*, Paris, Vrin, 1999.

– « Phénoménologie et ontologie de la vie », *Rue Descartes*, 2002/1, n° 35, p 109-123.

– « L'événement du monde », dans *Faire monde. Essais phénoménologiques*, Michaël Foessel, Jean-Claude Gens et Pierre Rodrigo (dir.), Paris, Mimesis, 2011.

– *Le désir et le monde*, Paris, Hermann, 2016.

– *L'appartenance. Vers une cosmologie phénoménologique*, Leuven, Peeters, 2019.

– *Leçon inaugurale de la Chaire Cardinal Mercier de Louvain*, 2019.

BÉGOUT Bruce, *L'enfance du monde. Recherches phénoménologiques sur la vie, le monde et le monde de la vie*, tome 1, Paris, Éditions de la transparence, 2007.

– *Le phénomène et son ombre. Recherches phénoménologiques sur la vie, le monde et le monde de la vie*, tome 2, Paris, Éditions de la transparence, 2008.

BERNET Rudolf, *La vie du sujet. Recherches sur l'interprétation de Husserl dans la phénoménologie*, Paris, Puf, 1994.

BOUVIER Nicolas, *L'usage du monde*, Paris, La Découverte, 2014.

– *Le poisson-scorpion*, Paris, Folio-Gallimard, 1996.

– *Le vide et le plein. Carnets du Japon 1964-1970*, Paris, Folio-Gallimard, 2015.

– *Journal d'Aran et d'autres lieux. Feuilles de route*, Paris, Payot, 1993.

– *Le dehors et le dedans*, Carouge-Genève, Zoé, 1997.

CATALDI Sue L., Emotion, *Depth and Flesh. A Study os sensitive Space, Reflections on Merleau-Ponty's Philosophy of Embodiement*, New York, State University of New York Press, 1993.

COHEN Joseph, « Le lieu du monde », dans *Faire monde. Essais phénoménologiques*, Michaël Foessel, Jean-Claude Gens et Pierre Rodrigo (dir.), Paris, Mimesis, 2011.

DASTUR Françoise, *Heidegger et la question du temps*, Paris, Puf, Philosophies, 1990.

– *À la naissance des choses. Art, poésie, philosophie*, La Versanne, Encre marine, 2005.

– *La mort. Essai sur la finitude*, Paris, Puf, 2010.

– « Phénoménologie de la surprise : horizon, projection et événement », *Alter, Revue de phénoménologie, La surprise*, n° 24, 2016, p. 31-46.

DELMOTTE Benjamin, *Esthétique de l'angoisse. Le memento mori comme thème esthétique*, Paris, Puf, 2010.

– *L'architecture au subjonctif*, Bruxelles, La lettre volée, 2018.

– *Étonnement. Berlinde De Bruyckere*, Genève, Furor, 2017.

– *Le visible et l'intouchable*, Genève, L'Âge d'homme, 2016.

– « Pour une phénoménologie de l'évidence esthétique », *Studia phaenomenologica*, XVII, Zeta Books, 2017, p. 405-416.

– « *Le baiser de Judas* et l'*ici/là* de la chair. Un dévoilement esthétique de l'espacement phénoménologique », *Alter, Revue de phénoménologie*, n° 25, 2017, p. 235-247.

ESCOUBAS Éliane et RICHIR Marc (dir.), *Husserl*, Grenoble, Jérôme Millon, 1989.

— et TENGELY Lazlo (dir.), *Affect et affectivité dans la philosophie moderne et la phénoménologie*, Paris, L'harmattan, 2008.

EMERSON Ralph Waldo, *La confiance en soi*, trad. fr. Monique Bégot, Paris, Rivages Poches, 2000.

FRANCK Didier, *Chair et corps. Sur la phénoménologie de Husserl*, Paris, Minuit, 1981.

– *Dramatique des phénomènes*, Paris, Puf, 2001.

– *Le nom et la chose. Langue et vérité chez Heidegger*, Paris, Vrin, 2017.

HEIDEGGER Martin, *Être et temps*, trad. fr. François Vezin, Paris, Gallimard, 1986.

– *Les concepts fondamentaux de la métaphysique. Monde – Finitude – Solitude*, trad. fr. Daniel Panis, Paris, Gallimard, 1992.

– « Qu'est-ce que la métaphysique ? », trad. fr. Henry Corbin, dans *Questions I et II*, Paris, Gallimard, 1968.

– « Qu'est-ce que la métaphysique ? », trad. fr. Roger Munier, dans *Heidegger. Cahiers de l'Herne*, Michel Haar (dir.), Paris, Éditions de l'Herne, 1983.

– *Qu'appelle-t-on penser?*, trad. fr. Aloys Beccker et Gérard Granel, Paris, Puf, 1992.

HOUSSET Emmanuel, *Husserl et l'énigme du monde*, Paris, Points-Seuil, 2000.

HUSSERL Edmund, *Idées directrices pour une phénoménologie pure et une philosophie phénoménologique*, trad. fr. Jean-François Lavigne, Paris, Gallimard, 2018.

– *Idées directrices pour une phénoménologie et une philosophie phénoménologiques pures, Livre second, Recherches phénoménologiques pour la constitution*, trad. fr. Éliane Escoubas, Paris, Puf, 1982.

– *Chose et espace. Leçons de 1907*, Paris, Puf, 1989.

– *Méditations cartésiennes. Introduction à la phénoménologie*, trad. fr. Gabrielle Pfeiffer et Emmanuel Levinas, Paris, Vrin, 1992.

– *La crise des sciences européennes et la phénoménologie transcendantale*, trad. fr. Gérard Granel, Paris, Tel-Gallimard, 2012.

KANDINSKY Vassily, *Point et ligne sur plan*, Paris, Folio-Gallimard, 1991.

KANT Emmanuel, *Critique de la faculté de juger*, trad. fr. Alexis Philonenko, Paris, Vrin, 1965.

LAUT François, *Nicolas Bouvier. L'œil qui écrit*, Paris, Payot, 2010.

LEVINAS Emmanuel, *De l'existence à l'existant*, Paris, Vrin, 1978.

– *Totalité et infini. Essai sur l'extériorité*, Paris, Le livre de poche, 1990.

MERLEAU-PONTY Maurice, *Phénoménologie de la perception*, Paris, Tel-Gallimard, 1992.

– *L'œil et l'esprit*, Paris, Folio-Gallimard, 1994.

– *Le visible et l'invisible*, Paris, Tel-Gallimard, 1964.

PATOČKA Jan, *Le monde naturel et le mouvement de l'existence humaine*, Dordrecht, Kluwer Academic Publishers, 1988.

– *Papiers phénoménologiques*, trad. fr. Erika Abrams, Grenoble, Jérôme Millon, 1995.

SARTRE Jean-Paul, *L'être et le néant*, Paris, Tel-Gallimard, 1994.

– *Esquisse d'une théorie des émotions*, Paris, Hermann, 1965.

SERBAN Claudia, *Phénoménologie de la possibilité. Husserl et Heidegger*, Paris, Puf, 2016.

TRÉGUIER Jean-Marie, *Le corps selon la chair. Phénoménologie et ontologie chez Merleau-Ponty*, Paris, Kimé, 1996.

TABLE DES MATIÈRES

Achevé d'imprimer en avril 2025
sur les presses de
La Manufacture - Imprimeur – 52200 Langres
Tél. : (33) 325 845 892

N° imprimeur : 250286 - Dépôt légal : avril 2025
Imprimé en France